古代歷史文化研究輯刊

二三編

王明蓀 主編

第14冊

東周手書書體研究（下）

鄭禮勳 著

國家圖書館出版品預行編目資料

東周手書書體研究（下）／鄭禮勳 著 — 初版 — 新北市：花
木蘭文化事業有限公司，2020〔民109〕
目 12+154 面；19×26 公分
（古代歷史文化研究輯刊 二三編：第 14 冊）
ISBN 978-986-518-039-3（精裝）
1. 書體 2. 周代
618　　　　　　　　　　　　　　　　　　　109000483

ISBN-978-986-518-039-3

9 789865 180393

古代歷史文化研究輯刊
二三編　第十四冊　　　　　　ISBN：978-986-518-039-3

東周手書書體研究（下）

作　　　者	鄭禮勳	
主　　　編	王明蓀	
總 編 輯	杜潔祥	
副總編輯	楊嘉樂	
編　　　輯	許郁翎、張雅淋　美術編輯	陳逸婷
出　　　版	花木蘭文化事業有限公司	
發 行 人	高小娟	
聯絡地址	235 新北市中和區中安街七二號十三樓	
	電話：02-2923-1455／傳真：02-2923-1452	
網　　　址	http://www.huamulan.tw 信箱 hml810518@gmail.com	
印　　　刷	普羅文化出版廣告事業	
初　　　版	2020 年 3 月	
全書字數	165255 字	
定　　　價	二三編 21 冊（精裝）台幣 55,000 元	

東周手書書體研究（下）

鄭禮勳　著

目

次

下　冊

圖目錄

第四章　楚系簡帛的書寫

　　早期楚文字與西周篆文樣式，幾無分別。楚文字主要呈現出三種書體形態。它們爭奇鬥妍，互相影響，成爲春秋戰國時期書苑中的一道絢麗多姿的風景。

　　其一是楚系正體。楚系正體文字的發展，可分爲三個階段。最早的是古風期，此期楚系正體延續了西周篆文傳統風格，但隨著楚文化的勃興，這種繼承自西周傳統風格很快就爲楚人所改造。其次是初成期，此期自春秋中晚期開始，楚人在本期開始採用具有楚風的篆書，這一種線條盤曲具有美化裝飾性的新體篆書，就成爲楚國的正體。最後是成形期，戰國以後的楚系文字屬之。

　　其二是鳥蟲書。鳥蟲書是一種裝飾性書體，用以美化文字，即以物象來裝飾字形。鳥蟲書雖以金文的形態出現，嚴格來說不屬於傳統篆文，它與上述的楚國正體是有區別的。鳥蟲書起於春秋中晚期，即楚系正體發展的第二階段，在楚文化圈中流行了約二百多年，直至戰國中期前才宣告消亡。但鳥蟲書因其唯美之故，非但未被秦人「書同文」政策所摒棄，反而具有裝飾性而被保留下來，成爲秦書八體之一。鳥蟲書算是充分展示了楚系文字的曲線之美，所以一直延續至漢代，甚至今日篆刻藝術中還時常見到其美麗身影。當時這些裝飾性美化書體，主要用於兵器和禮器題銘，在充分展示其書法美的同時，它還承載著文化上的象徵意義。從字體上看，它們是一種富有地域特色的古文字應用樣式；從材質上看，除紙之外，金、石、竹、帛一應俱全；從表現方式看，鑄、刻、寫多美並彰；從功能上看，審美雖然依附於實用，但藝術感覺呼之欲出。

　　其三是手書墨跡俗體，主要見於簡帛手書墨跡和刻款題銘。竹簡和帛書

雖同爲手書草體，但風格各有不同：或釘頭鼠尾，或蝌蚪樣式；或端尖中豐，或首尾勻一。其用筆變化豐富，是商周墨跡筆法的傳承與發展。而刻款題銘則呈現潦草傾向，由於書寫性強，與簡帛手書墨跡接近。

因此本章將從楚系手書文字的發展談起，說明楚系正體對竹簡墨跡手書的影響，接著再介紹現今出土的文字材料，最後說明楚系手書文字的特色。

第一節　楚系手書文字的沿革

春秋戰國時期社會動盪，各國往來增多，文字的應用在規範和便捷之間的矛盾，愈來愈明顯，書體上正體與手書草體雙線並行，也互相影響，這是各國文字的普遍現象。楚系文字也是如此，不僅有楚風正體字，手書俗體的墨跡簡帛，還有裝飾性強烈的鳥蟲書。從近年出土的墨跡竹簡觀察，楚系正體與鳥蟲書同時影響著手書墨跡文字。

郭紹虞從書法角度將漢字分爲正體和草體，並從書體演變和書法發展分析了正體和草體的演變過程。〔註1〕後來郭沫若也闡述了類似的觀點。〔註2〕這表明在篆書時代，實際上並行著正篆和草篆兩種樣式，正篆主要適應政治集團的需要，往往受官方的規約，它的演變相對穩定；與正篆並行、通行於民間的草篆則相對活躍，是隸變的主要推手，後經過積年累月動態的流變，漸漸演變爲秦漢時代的簡牘帛書。但學者似乎忽略了鳥蟲書對墨跡手書的影響。

所以筆者本節將從楚系正體、鳥蟲書談到竹簡墨跡手書，一者說明楚文字的源流與呈現，再者說明楚系正體、鳥蟲書對竹簡墨跡手書的影響。

一、楚系正體的發展

楚系正體主要是指不包括鳥蟲書在內的楚金文。楚系正體伴隨著楚文化的發軔以金文的面貌問世。早期的楚系正體字並沒有自身明顯的風格特徵，其體勢、結構和用筆與周金文相差無幾。因爲周、楚本來就有著共同的文化

〔註1〕郭紹虞：〈從書法中窺測字體的演變〉，《學術月刊》，1961年第9期，頁50～52。另外，郭紹虞還有一文亦可同參。郭紹虞：〈草體在字體演變上的關係〉（上），《學術月刊》，1961年第11期，頁46～50。郭紹虞：〈草體在字體演變上的關係〉（下），《學術月刊》，1961年第12期，頁39～44。

〔註2〕郭沫若：〈古代文字之辯證發展〉，《考古》，1972年第3期，頁2～13。

淵源，周天子一統天下時，「楚之祖封于周，號爲子男五十里」。〔註3〕在創業
初期，楚人「篳路藍縷，以處草莽，跋涉山林，以事天子」。〔註4〕由於這層
關係，楚人在青銅器上的造型、紋飾以及銘文鑄刻等方面，吸收周人不少長
處。故早期的楚系正體延續承著濃厚的西周金文古風，其款識、體例、文法
用途和風格等均與西周金文大體相若。

　　然而，這種古風並沒有維持很長時間，隨著楚國勢力的不斷壯大，周、
楚間也齟齬不斷。先是西周在分封時，楚國有功卻沒得到冊封，這成了周、
楚不睦的遠因。加上西周時中原諸侯視楚爲蠻夷，楚也不以爲意，索性就以
「南蠻」自居，而與周對抗。爲此，周、楚曾發生過多次戰爭，甚至周昭王
竟然南征不復。周、楚的長期不睦，不僅造成了文化上的隔閡，而且更加助
長了楚人「不服周」的心態和僭越的野心，這些因素都給楚文化提供了自我
發展的空間。

　　楚地自古以來原始文化深厚，其土著形式的巫文化，尚遺留有氏族社會
後期強烈的原始宗教觀念和心理。這些宗教觀念和心理，常常反映在宗教的
儀式行爲上。因此，在日常生活中，楚人普遍「信巫鬼，重淫祀」，並形成一
種宗教性很強的行爲和思維。

　　在器銘的鑄刻上，楚人似乎有意無意地與周金文拉開了距離，從原有原
始宗教色彩的巫術儀式和符號中獲得啓發，導引出了美化改造文字形體的最
初動機，從而走上了一條「楚化」金文的不歸路。以下分爲三期來說明楚系
正體金文演變，鳥蟲書的發展則附於後。

（一）古風期

　　從西周中晚期到春秋早期是楚文字的古風期。筆法上多用篆引，結體上
也延續著西周文字的形體特徵。又可以分爲「西周中晚期」與「春秋早期」
二期來敘述。

1. 西周中晚期

　　楚系正體金文主要受西周金文影響，有濃厚的復古傾向。本期的代表作
有傳世器〈楚公豪鐘〉（圖 4-1-1）共 4 件，〔註5〕以及〈楚公豪戈〉（圖 4-1-2）、

〔註3〕　（漢）司馬遷撰、（宋）裴駰集解、（唐）司馬貞索引、張守節正義：《史記・
　　　　孔子世家》，（北京：中華書局，1959 年 9 月），頁 1932。
〔註4〕　（晉）杜預注、（唐）孔穎達疏：《左傳正義》，（臺北：藝文印書館，1993 年
　　　　9 月），頁 794。
〔註5〕　（清）阮元：《積古齋鐘鼎彝器款識》卷三收錄三件，一件下落不明。

〈楚公逆鎛〉（即〈楚公夜雨鐘〉）（圖 4-1-3）、〈楚公逆鐘〉（圖 4-1-4）。上述銅器除〈楚公㝬戈〉是西元 1959 年在湖南採集的外，其餘皆為傳世器。

關於〈楚公㝬鐘〉、〈楚公㝬戈〉，學術界一般認為是西周周夷王、周厲王在世時作品，大約在西元前 876 年至前 842 年之間。楚公㝬學術界認定是楚君熊渠。〔註6〕據《史記・楚世家》記載，熊渠時正值周夷王至周厲王期間，即西周中晚期，絕對年代在西元前 9 世紀後葉，這是已知楚金文的最早時間。銘文雖只有簡短兩行，但延續著周金文的古老寫法，以篆引筆法為主調，筆畫略粗且收筆尖出。章法上大小參差，錯落有致，堪稱絕妙。與每個字中心線對垂直相連的西周特徵有所不同，左右騰挪，俯仰取勢，從上而下如高山激流，中阻頑石，宛轉透迤，曲盡風姿。

〈楚公逆鎛〉、〈楚公逆鐘〉，為西周熊咢時期作品。〈楚公逆鎛〉初名〈楚公鐘〉，後誤稱為〈夜雨楚公鐘〉，或〈楚公夜雨鐘〉，直至孫詒讓識出「逆」字後，才改稱〈楚公逆鐘〉或〈楚公逆鎛〉。〔註7〕楚公逆，《史記》作楚公「咢」，讀「鄂」，即楚君熊咢，在位在周宣王 29 年至 37 年（西元前 799～前 791 年）之間。〈楚公逆鎛〉（圖 4-1-3）銘文如下：

> 唯八月甲申，楚公逆自乍（作）大雷鎛，氒（厥）栺（名）曰：
> 殷栢，㝬（鎗）音屯，公逆其萬年又（有）壽，□（以）樂其身，
> 孫子其永寶。〔註8〕

此銘字法古拙，古風盎然，復古傾向依然明顯。這是楚人以自己地域文化的審美眼光，吸收改造西周傳統的結果。儘管書風生澀稚拙，但空間構成上既有楚人特有的空靈詭秘的神話氣質，又有著一種不受駕馭的原始野性，從中可以感受到楚人處於發展時期的進取精神。這些銅器上的銘文，書法真可謂雄深奇肆。〔註9〕

此時期楚系正體金文字體略趨方正，筆畫勁直，氣勢雄渾，略顯波磔，無修長婀娜之姿，無線條化風格，純然商周文字端莊肅穆之狀。如楚國在西周中期偏晚的「楚」作「㭪」（〈楚公㝬鐘〉）與西周中期金文「㭪」（〈㢴

〔註6〕 張亞初：〈論楚公㝬鐘和楚公逆鎛的年代〉，載《江漢考古》，1984 年第 4 期，頁 95～96。

〔註7〕 羅運環：《出土文獻與楚史研究》，（北京：商務印書館，2011 年），頁 113，

〔註8〕 釋文採金文研究室：《殷周金文暨青銅器資料庫》，（臺北：中央研究院歷史語言研究所，2012 年），http://app.sinica.edu.tw/bronze/rubbing.php?00106。

〔註9〕 劉彬徽：〈楚國有銘銅器編年概述〉，《古文字研究》第九輯，（北京：中華書局，1984 年），頁 333～336。

駿簋〉）相近；「貝」字上作尖角形，為商後期至西周中期常見形態。〈楚公豪鐘〉銘之「🔲（寶）」字，所從之「貝」作🔲，與〈效卣〉🔲同而與🔲（六年召伯虎簋）迥異；楚系正體金文之「出」作🔲（〈楚公逆鐘〉），「公」作🔲（〈楚公豪鐘〉），「金」作🔲（〈楚公豪鐘〉），這些均與西周金文通行寫法相同，而與楚風期的楚系正體金文大相逕庭。這說明楚系正體金文還未形成自己獨特的作風和氣派。可說〈楚公豪鐘〉、〈楚公逆鎛〉雄肆古樸，風格上難分周、楚。

　　古風期的楚系正體金文以商周古風為復古目標，雄渾古質是其主要審美特徵。對這些銅器銘文的書法藝術，前人贊賞有加。清代著名學者吳大澂評〈楚公豪鐘〉時曾說：「字體奇肆，於此見荊楚雄風。」〔註10〕阮元評價說：「此鐘與〈楚夜雨雷鐘〉篆文相類，奇古雄深，與他國迥別，且俱在未稱王之時，年代相去當不遠也。」〔註11〕又謂〈楚夜雨雷鐘〉：「文字雄奇，不類齊魯，可覘荊南霸氣。」〔註12〕（圖 4-1-3）吳、阮二人的感受相似，但誇大了周、楚金文風格的區別。其實，古風期的復古銘文尚未「楚化」，何來荊楚雄風和荊南霸氣呢？郭沫若在《屈原研究》中引用〈楚公逆鎛〉的銘文時，曾說：

　　　　那銘文的字體異常雄壯，銘辭明白的也有『隹（惟）八月甲申，
　　　楚公逆自作〈夜雨雷鎛〉。……逆其萬年又壽。……孫子其永寶』的
　　　句子，和周人的銘文並沒有怎樣的差別。〔註13〕

羅運環在論述楚文字演變規律時也指出：

　　　　（西周時楚金文）寫法比較古老，筆畫較粗且收尾呈尖狀，在
　　　很大程度上更接近商末周初的金文形體。」〔註14〕

可見，古風期的楚系正體金文尚處於復古期，學習、追摹西周古風才是這一時期楚系正體金文的主要風格特徵。

〔註10〕（清）吳大澂：《愙齋集古錄》第二冊，頁 1。

〔註11〕（清）阮元：《積古齋鐘鼎彝器款識》卷三，頁 4。

〔註12〕原文是評「楚公鐘」語，今稱此器為「楚公逆鎛」或「楚公逆鐘」，見（清）阮元：《積古齋鐘鼎彝器款識》卷三，頁 32。

〔註13〕郭沫若：《郭沫若全集・屈原研究》（歷史編）第四卷，（北京：人民出版社，1982 年），頁 44。

〔註14〕羅運環：〈論楚文字的演變規律〉，載《古文字研究》第 22 輯，（北京：中華書局，2000 年），頁 298～303。

圖 4-1-1 楚公豪鐘

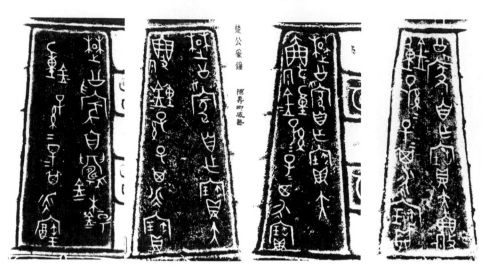

圖 4-1-2 楚公豪戈

圖 4-1-3 楚公逆鏄

圖 4-1-4 楚公逆鐘

2. 春秋早期

西元前 770 年，周平王東遷洛邑，史稱東周，結束了宗周文化的輝煌時代，也宣告了周天子權力至高無上神話的失靈。各方諸侯標新立異，自鑄重器，銘文成了地域文化的最佳宣言。南方楚國雄心勃勃，粉墨登場，銘文鑄制的新趣味開始出現。主要作品有〈楚季苟盤〉（圖 4-1-5）、〈楚嬴匜〉（圖 4-1-6）、〈楚嬴匜〉（圖 4-1-7）、〈考叔㠱父簠〉（圖 4-1-8）、〈中子化盤〉（圖 4-1-9）等。

圖 4-1-5　楚季苟盤

圖 4-1-6　楚嬴匜

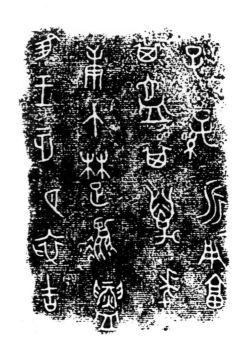

圖 4-1-7　楚嬴盤

圖 4-1-8　考叔𨾐父簠

春秋早期的楚系正體金文，主要見於兩批銅器銘文，一是 1969 年在湖北枝江百里洲出土的〈考叔指父簠〉（圖 4-1-8）兩件和〈塞公孫指父匜〉（圖 4-1-10）一件；〔註15〕二是 1975 年在河南南陽市西關發現的〈申公彭宇簠〉（圖 4-1-11）兩件。〔註16〕

春秋早期的〈楚嬴匜〉（圖 4-1-6）、〈楚嬴盤〉（圖 4-1-7），西元前 7 世紀中葉的〈考叔指父簠〉（圖 4-1-8）、〈塞公孫指父匜〉（圖 4-1-10）字形由正方向長方過渡，筆法漸趨線條化，風格寬博舒朗，線條婉通流美，堪稱春秋金文的上乘之作。此時期楚書法藝術的總體特徵是寬舒古樸，尚婉而通，頗具流暢宏偉之美，如〈考叔指父簠〉：

> 隹（唯）正月初吉丁亥，考弔（叔）指父自乍（作）障匜，其鬕（眉）壽萬年無彊（疆），子子孫孫永寶用之。〔註17〕

其中「唯」字形似驚鴻，「子」字體若幼雛，「永」字勢如飛瀑，「寶」字、「眉」字和「萬」字則曲盡婉約之妙。〔註18〕儘管此時的楚國才剛剛跨越文明時代的界碑，文字應用不太廣泛，書法作品也所在無多，但是楚風楚味已是呼之欲出。

圖 4-1-9　中子化盤　　　　　　圖 4-1-10　塞公孫指父匜

〔註15〕湖北省博物館：〈湖北枝江百里洲發現春秋銅器〉，載《文物》，1972 年第 3 期，頁 65～68。

〔註16〕王儒林、崔慶明：〈南陽市西關出土一批春秋銅器〉，載《中原文物》，1982 年第 1 期，頁 39。

〔註17〕釋文採金文研究室：《殷周金文暨青銅器資料庫》，（臺北：中央研究院歷史語言研究所，2012 年），http://app.sinica.edu.tw/bronze/rubbing.php?04609。

〔註18〕劉玉堂：〈楚書法藝術簡論〉，《文藝研究》第 3 期，1992 年 5 月，頁 100。

圖 4-1-11　　申公彭宇簠

　　再如〈楚嬴匜〉（圖 4-1-6）、〈楚嬴盤〉（圖 4-1-7）文字大小不一，多有曲筆，且有故意將筆畫拉長之勢，如「王」、「正」、「吉」等字可窺其貌。這種寫法已開楚風之先河。

　　又如〈中子化盤〉（圖 4-1-9）係春秋中期楚器。銘 4 行 19 字，釋文如下：

　　　　中子化用保楚王，用正（征）桕（莒），用𥏪（擇）其吉金，自

　　　　乍（作）𥁑（浣）盤。〔註 19〕

　　此器器主中子化，或以為楚簡王中。據《史記‧楚世家》載：「簡王元年，北伐滅莒」，事在西元前 431 年。以此來看，此盤當鑄於戰國早期。但從銘文的風格歸屬看，銘文字形方正，樸茂凝重，頗有篆引風範，布局也比較整齊、規範，基本上沿襲西周遺風，結體亦未取楚書習見的修長之態，風格樸實安詳，更似春秋晚期以前作品。因為只有在那種條件下，蠻夷之楚才有可能復現一絲淡淡的傳統風采。〈楚季苟盤〉（圖 4-1-5）在筆法上仍用粗筆，線條化風格難覓，許多字的結會顯得古樸而又遒勁有力，如「楚」作![字]，其「口」在兩木之間，「其」仍作![字]。這正詮釋了書法形體演近所遵循的是漸變而非驟變的客觀規律。

<hr />

〔註19〕釋文採金文研究室：《殷周金文暨青銅器資料庫》，（臺北：中央研究院歷史語言研究所，2012 年），http://app.sinica.edu.tw/bronze/rubbing.php?10137。

（二）初成期

大約從春秋中期開始至春秋晚期，歷時約 170 年，這是楚系正體金文的初成期，或曰「楚化期」。金文「楚化」就此拉開序幕。楚人用地域文化的審美眼光對宗周金文進行了「楚化」改造，從而使楚系正體金文的筆畫、字形、體勢、風格呈現出楚風特色。

1. 春秋中期

楚金文的特殊風格和特殊氣派，是從春秋中期開始形成的，它與整個楚文化鮮明個性的形成大致同步。主要代表作有〈上鄀公簠〉（圖 4-1-12）、〈以鄧鼎〉（圖 4-1-13）、〈鄴伯受簠〉（圖 4-1-14）、〈楚屈子赤角簠〉（圖 4-1-15）、〈王子申盞盂〉（圖 4-1-16）、〈楚王酓審盂〉（圖 4-1-17）、〈王子嬰次爐〉（圖 4-1-18）。

與春秋早期以前的楚金文相比，已發生了明顯的變化，即字體略帶縱勢長方，分行布白更為均勻齊整，字體圓勁激越，筆勢開闊動宕，裝飾美出現。〈楚屈子赤角簠〉間距合矩，字體大小適度、肥瘦勻稱。這種風格以楚共王晚年的〈楚王酓審盂〉（圖 4-1-17）最具代表性。銘文呈長方或瘦長方形，筆畫圓轉並拉長，於工整中見粗獷。〈鄴伯受簠〉中的「其」、「受」、「為」、「孫」，〈楚屈子赤角簠〉中的「正」、「亥」、「眉」、「疆」、「之」，不僅都比春秋早期乃至西周楚器同一字的字體要長，而且風神也更為雄健清儁。線條虯蟠扭曲，不少書體略具蟲形，若以鳥蟲書濫觴視之，也當之無愧。

圖 4-1-12　上鄀公簠　　　　　圖 4-1-13　以鄧鼎

圖 4-1-14　鄹伯受簠

圖 4-1-15　楚屈子赤角簠

圖 4-1-16　王子申盞盂

圖 4-1-17　楚王酓審盂

圖 4-1-18　王子嬰次爐

〈王子申盞盂〉（圖 4-1-16）書法逐漸取消彎曲與誇張的裝飾性筆畫，工整秀麗，樸實無華，復歸平正。用筆以中鋒勻速書寫爲主，未做過多的屈曲和纏繞，是楚金文中的簡樸之作。如果我們將其與〈王子申盞盂〉稍加比較，便可以看出其字形較長或瘦長，圓筆較多，稍顯粗獷，筆畫拉長，末端現彎曲的風格，與〈以鄧鼎〉是一脈相承的。從結體上看，本期「楚」作 ![字] （〈以鄧鼎〉），「口」在兩木之下，「金」作 ![字] ，（〈鄴伯受簠〉），「公」作公 ![字] （〈上鄀公簠〉），「止」作 ![字] （〈楚王酓審盂〉）等，均與商周寫法相異而與楚人特有寫法接近。

〈王子嬰次爐〉（圖 4-1-18）在西元 1923 年出土於河南新鄭李家樓大墓，係楚莊王時作品，內壁刻有「王子嬰次之□（炒）盧」七字，銘文楚風濃郁。銘文變得更加工整，橫平豎直，上緊下鬆，垂直的線條在起筆與收筆時皆左右披拂，字形工整而不呆板，有著婀娜與秀挺的美感。與淅川下寺楚墓出土楚器銘文對比可知，〈王子嬰次爐〉與楚器銘文不僅風格相似，體例也大體相似。銘文稱「王子」，是因爲楚在春秋一直以王自稱，故其子弟理所當然是王子王孫。王國維認爲「王子嬰次」即是楚國公子嬰齊，即令尹子重。他指出，這件銅爐器形與紋飾都具有楚國特徵，銘文字體亦爲楚風。墓主葬於魯成公十六年（西元前 575 年）鄢陵戰役之後，乃鄭成公之後鄭國國君的墓，時間在春秋中期偏晚，此銅爐應是典型的春秋晚期的楚器。

劉彬徽指出，第三期以後（即西元前 600 年以後）楚銅器的地域風格才真正開始顯山露水。〔註 20〕此期正是楚國向鼎盛霸業發展的一個過渡時期，楚金文的宗周遺風與「楚化」特色並存，只不過在前段宗周風格稍濃，而後段楚風略占上風而已。而且嚴格意義上講，所謂眞正的楚風在此一時期還只是稍現端倪，只能算是金文的「楚化」期。

2. 春秋晚期

〈王子午鼎〉（圖 4-1-39）、〈王孫誥鐘〉（圖 4-1-19）、〈王孫遺者鐘〉（圖 4-1-20）、〈黻鐘〉（圖 4-1-21）、〈王子啓疆鼎〉（圖 4-1-22）、〈沇兒鎛〉（圖 4-1-23）、〈蔡侯盤〉（圖 4-1-24）、楚王鐘（圖 4-1-25）、〈王子孜戈〉（圖 4-1-40）等。

此時出現了許多崇祖祀宗、歌功頌德的長篇銘文，如〈王孫誥鐘〉、〈黻

〔註20〕劉彬徽：《楚系青銅器研究》，（武漢：湖北教育出版社，1995 年），頁 50。

鐘〉。這是楚人經篳路藍縷到稱雄列國，出於懷念祖先、敬事楚王、自表心態、告誡子孫而鑄製的作品。從字形上看，字體趨向修長，向縱勢長方發展；筆畫圓勁激越，筆勢開闊動宕。

〈王子午鼎〉（圖 4-1-39）是迄今最早的鳥蟲書作品，由於鳥蟲書裝飾性強，不屬於楚系正體，容後面再介紹。

〈王孫遺者鐘〉（圖 4-1-20）體勢極縱，與〈沇兒鎛〉意態酷似，是一種藝術字體，只是在線條力度、字體安排乃至通篇氣勢等方面，均超出〈沇兒鎛〉許多。這種字體字形頎長，筆畫細勁，豎筆挺直，撇捺多迂曲，並列筆畫喜作蜿蜒伸展之態，具有很強的裝飾性，如「正」、「中」、「誨」、「友」等字。〈王孫誥鐘〉、〈䣠鐘〉、〈蔡侯盤〉字體也有這種特點。銘文風格有所因襲，也出現了一些新的因素，字形更加拉長，突出狹長之勢。如〈敔之盞〉「之」作 𦙃，「行」作 𠚤；〈蔡侯盤〉之「下」、「王」、「子」、「寶」等字較早段更加修長，極顯楚金文的波折彎曲、字多秀麗的風格。另一個顯著特點是文字下端因刻意拉長而使其重心有明顯的上移之感。如「女」作 𠨞、「蔡」作 𣎴、「盟」作 𦣹、「用」作 𠭁，這種重心上移傾向，顯然是因襲〈王孫遺者鐘〉那種帶有美術意昧的修長楚篆而來，只是程度加劇而已。此外，還出現了帶有時代標記的偏旁，如「女」作 𠨞，手足均拉長，往往平行且下引到等長，與早段之 𠨞（女）作兩手相交或相接、腰腿微彎及戰國中晚期的 𠨞、𠨞（女）手作羅圈形直身斜臥迥然不同。

〈王子啟疆鼎〉（圖 4-1-22）的「王」、「子」等字均較前期的字體要長，而且顯得雄健清雋。

還有一件是〈楚王鐘〉（圖 4-1-25），東周楚成王時作品。字形偏長，線條柔美，字形大小不一。章法參差錯落，楚風書法特有圓轉流美風格已現端倪。

〈王子孜戈〉（圖 4-1-40）共六字，其中有三字屬鳥蟲書，將在介紹鳥蟲書的部分，一併說明。

從書法藝術角度看，這一時期銘文表現出兩種不同的藝術傾向：一方面是比以往更加注重用筆的輕重、起收變化和結體的避就、襯托、呼應，表明了書寫技法的進一步成熟；而另一方面是過分追求裝飾性，出現了鳥蟲篆、蝌蚪書，發展成為美術字。

圖 4-1-19　王孫誥鐘

圖 4-1-20 王孫遺者鐘

圖 4-1-21　癩鐘　　　　　　　圖 4-1-22　王子啟疆鼎

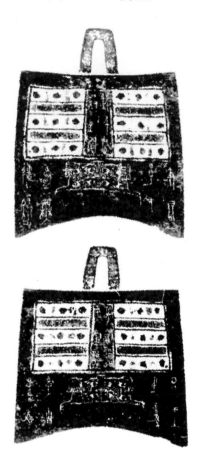

圖 4-1-23　沈兒鎛

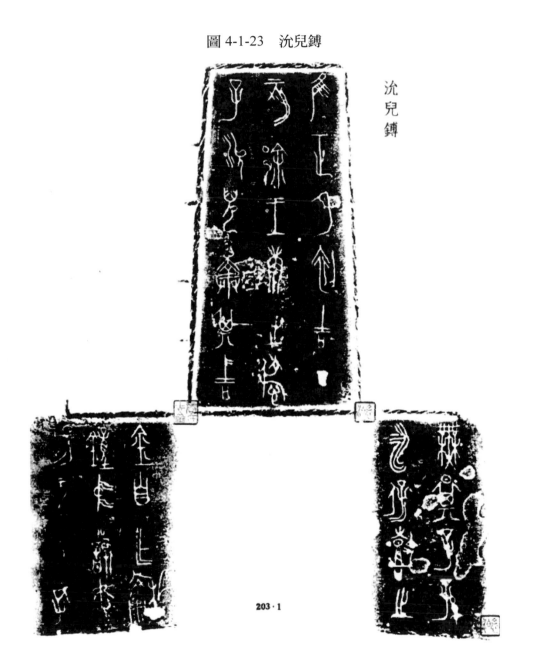

沈兒鎛

203‧1

圖 4-1-24　蔡侯盤　　　　　圖 4-1-25　楚王鐘

（三）成形期

戰國時期是楚系正體金文的成形期，戰國時期的起迄，相當於西元前 488 年至西元前 223 年楚國滅亡之時。這時的楚系正體金文已完全「楚化」，這不僅意味著西周大篆的結體和用筆被解構，漢字走上了藝術審美的道路，而且「楚化」本身也構成了楚金文書法風格演變的一部分。因此無論字形、結體、銘辭內容、文辭格式、銘文韻律，還是章法布局等等，無不具有鮮明的區域特色，與北方中原迥然有別，構成了典型的南方風格。以下分戰國早期、戰國中期、戰國晚期三期來說明。

1. 戰國早期

戰國早期大致上以楚惠王（熊章）、簡王（熊中）、聲王（熊當）、悼王（熊疑）、肅王（熊臧）在位的時期，相當於西元前 5 世紀中葉（488B.C.）到前 4 世紀中葉。以〈曾侯乙編鐘〉（圖 4-1-26）、〈楚王酓章鐘〉（圖 4-1-27）、〈楚王酓章鎛〉（圖 4-1-28）、〈楚王酓章劍〉（圖 4-1-29）、〈楚王酓章戈〉、〈坪夜君鼎〉（圖 4-1-30）、〈越王者旨於賜鐘〉〈楚王孫漁戈戟〉爲代表作。

圖 4-1-26　曾侯乙編鐘

圖 4-1-27　楚王酓章鐘

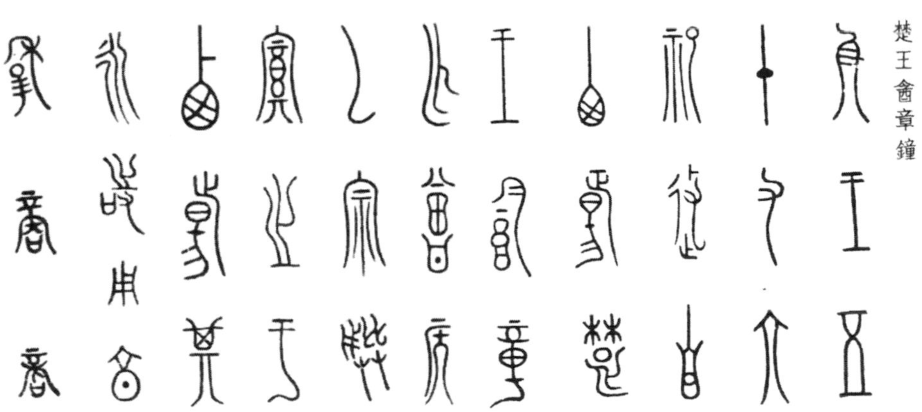

圖 4-1-28　楚王酓章鎛　　　　　　　圖 4-1-29　楚王酓章劍

　　這個時期的作品，常常楚系正體與鳥蟲書在同一件作品中交雜出現，如〈楚王酓章戈〉、〈越王者旨於賜鐘〉、〈楚王孫漁戈戟〉等，是楚系正體與鳥蟲書交互影響之作。這在後面的鳥蟲書部分，再作介紹。

圖 4-1-30　坪夜君鼎

2. 戰國中期

戰國中期大致上是以楚宣王（熊良夫）、威王（熊商）、懷王（熊槐）、頃襄王（熊橫）在位的期間屬之。代表作有〈曾姬無卹壺〉（圖 4-1-31）、〈鄂君啟節〉（圖 4-1-32）、〈燕客銅量〉（圖 4-1-33）等。

〈曾姬無卹壺〉出土於安徽壽縣朱家集，字形歪斜，天然成趣。布局縱有行、橫有列，全篇生動和諧。

〈鄂君啟節〉出土於安徽壽縣九里鄉，所有銘文為錯金，製作精細，規整華美，柔中帶剛，具流動暢達的美感，堪稱楚系正體的代表作。

圖 4-1-31　曾姬無卹壺

圖 4-1-32　鄂君啟車節

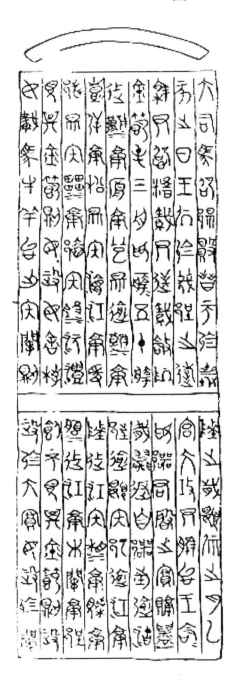
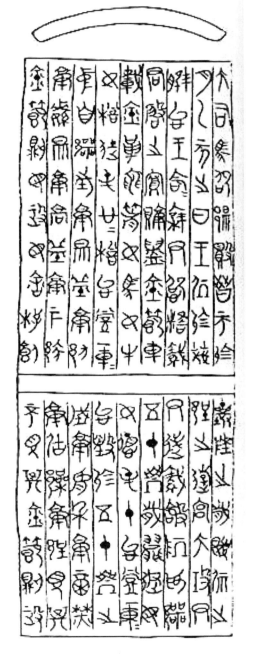

圖 4-1-33　燕客銅量

3. 戰國晚期

戰國晚期以楚頃襄王（熊橫）、考烈王（熊完）、幽王（熊悍）、楚王負芻在位期間屬之。重要的作品有〈楚王酓前鼎〉（圖 4-1-34）、〈楚王酓前盤〉（圖4-1-35）、〈楚王酓忎盤〉（圖 4-1-36）、〈楚王酓忎鼎〉（圖 4-1-37）、〈郪陵君豆〉（圖 4-1-38）

〈楚王酓前盤〉、〈楚王酓忎盤〉字形以盤為中心隨盤彎曲，呈傾側弧狀，銘文首尾相接，飄逸流美。〈楚王酓前鼎〉、〈楚王酓忎鼎〉為刻款，單刀直入，神韻近似楚簡。以上都是出土於安徽壽縣楚幽王墓銅器，是利用「戰獲兵銅」再重新鑄造的銷兵鑄器。「酓前」經考證是楚考烈王熊完，墓中所葬銅器應為考烈王二十二年遷都壽縣後所鑄。而〈楚王酓忎鼎〉則是楚幽王四年所鑄。從考烈王二十二年到楚幽王四年（即西元前 241 年～前 234 年）僅有八年的時間，在文字體勢上尚未出現太大的變化。〔註21〕這些器物距〈王

〔註21〕劉彬徽：〈楚國有銘銅器編年概述〉，《古文字研究》第九輯，（北京：中華書

子午鼎〉的時間已有 300 年，其中〈楚王酓忎盤〉書體已在變化，變得更爲簡潔。這顯然是適應形勢發展的需要，即文字應用的簡化與便捷。而由〈王子午鼎〉發展而來的楚國裝飾性書體仍然存在，當然其形體也在變化，而其裝飾的本質則沒變。〈楚王酓前鼎〉、〈楚王酓前盤〉正是〈王子午鼎〉開創的裝飾性書體的繼續和發展。它與〈王子午鼎〉有著相同的筆法淵源。橫筆仍然是端尖中肥的菱角形；縱筆中部增肥後停頓收鋒，形成滴垂狀後，再細筆下引。特別是「共」、「嘗」二字兩旁線條雙雙對稱擺曲而下，可見深受〈王子午鼎〉中「共」字寫法的影響。

〈摦陵君豆〉性質屬王室重器，但筆畫簡省，在轉角處的筆勢圓曲，書寫率意，有如楚簡。

圖 4-1-34　楚王酓前鼎

局，1984 年)，頁 333～336。

圖 4-1-35　楚王酓前盤

圖 4-1-36　楚王酓忑盤

圖 4-1-37 楚王酓忎鼎

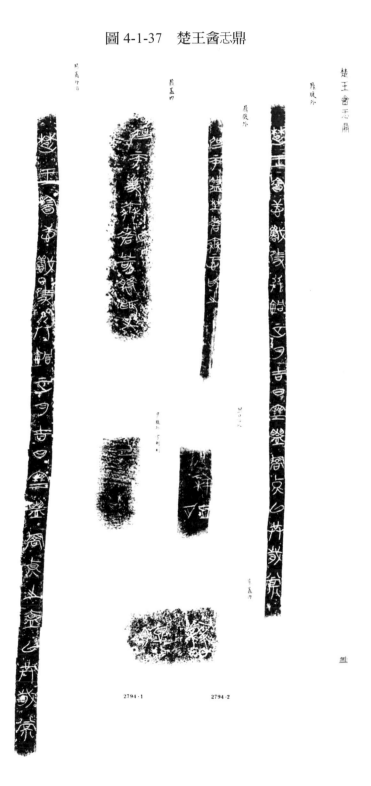

圖 4-1-38　鄰陵君豆

（四）鳥蟲書

　　鳥蟲書是鑄刻在青銅器上，屬於楚金文的一種，目前未見有手書墨跡。但它與前述的金文不同，它不屬於楚系正體，是一種特殊形態的美術字，屬於改良篆書，字體的拉長、線條屈曲變形，裝飾意味濃厚，故獨立於此敘述。

　　鳥蟲書起源於南方文飾唯美之風，經過約 300 年的演變，起先是一件作品中，少數幾個字作鳥書，後來字數漸多，最終通篇爲鳥蟲書。不能簡單地看成是文字退化到象形的現象，它是漢字筆畫線條的藝術化處理。秦代統一文字，罷與秦文不合者。鳥蟲書屬楚文字，卻被秦保留了下來，取其唯美文飾的特性。至於鳥蟲書究竟產生於何時？目前沒有比春秋晚期的〈王子午鼎〉更早的實物，因此可藉〈王子午鼎〉探尋鳥蟲書的淵源。

1. 王子午鼎

　　西元 1978 年至 1979 年間，河南省文物工作隊在淅川下寺，發掘一處春秋楚墓群，出土了一批的青銅器，而〈王子午鼎〉（圖 4-1-39）就是其中之一。〈王子午鼎〉通高 68 厘米，口徑 66 厘米，平底束腰，兩耳外撇，三足粗壯穩健，鼎口上扣平蓋，蓋頂有橋形把手，鼎內鑄有 84 個美化篆文銘文，內容

記錄了王子午一生的功德。裝飾性極強，接近「鳥蟲書」的形態。由於這種書體先前未見，故學術界疑其爲鳥蟲篆的濫觴，是研究楚金文重要而珍貴的史料。

圖 4-1-39　王子午鼎

〈王子午鼎〉屬楚莊王之子子庚所有，《左傳》稱其爲「公子午」，器名則稱「王子午」。子庚時任楚康王令尹，故〈王子午鼎〉別稱〈令尹子庚鼎〉，其鑄造時間約在西元前 558 年至前 552 年之間。同形而大小相次的鼎，在王子午墓葬中共出土 7 件，每鼎均置有銅匕，以撈取牛肉、牛骨。王子午以七鼎隨葬，足見其地位之尊。此墓共出土各類文物計 6098 件，另有 19 匹馬和 7

輾戰車。兩千多年後，昔日之威風已隨風而逝，陳列眼前之器物，似乎昭示著一個時代的輝煌。代表性的銅器銘文有〈王子午鼎〉。

　　〈王子午鼎〉結合典型的中原青銅文化與楚人奇構巧思工藝之美。敦厚的造型係承中原風格，而繁縟、纖巧之飾則是地道楚風。既有中原常見的範鑄陽線裝飾，亦有荊楚獨特的浮雕與圓雕。環繞鼎腹六獸，有兩條夔龍蜷曲盤繞，是以失蠟法分鑄後焊接，六個獸頭伸出鼎口，與鼎蓋邊緣六個卡口相合，兼具裝飾與實用，堪稱完美。以下就字體、用筆、結構及布局四個方面，加以說明。

表 4-1-1　王子午鼎文字比較

正	吉	亥	福	之	巫	乍（作）	用	隹（唯）	舞
亥	永	于	子	福	畏	獸	惠	闌	趩

　　〈王子午鼎〉字體修長流動，線條屈曲飄擺，「子」、「之」、「自」、「乍」、「其」等字已具鳥蟲書雛形，奠定了鳥蟲書審美的基礎。個別字形，啟發了創造鳥蟲書的思路。如「其」字兩側有對稱的曲線，可以演化為對稱兩鳥中夾一字。「隹」、「年」、「民」等字，很像鳥的形狀，為以後借字以成鳥形開闢了道路。「用」字下多一鳥形裝飾構件，可示意人們在字下多加一鳥形飾物，或示意人們在鳥喙下加一文字。楚金文兩大類型的書體並不是在短時期內形成的，而是經歷了一個相當長的時期，它們彼此並存，相互影響。

　　在用筆方面，〈王子午鼎〉主要採中鋒筆法，橫筆多為端尖中肥的菱形，

如「正」、「吉」、「亥」、「福」、「之」、「亟」等字的橫畫；縱向筆畫富於粗細變化，有的上下兩頭尖細而中間肥大，有的縱筆還帶有彎曲，呈現出一種美化效果，如「乍」、「用」、「蘭」等字。每個字的線條處理，雖然採用了各種不同的彎曲，或一曲，或兩曲，顯得靈活而不呆板，但又有統一的規範。

在結構方面，〈王子午鼎〉結構對稱均勻，頗見楚人巧思。首先藉著筆勢捲曲成雲形，增添裝飾效果。如「佳」、「年」二字雖為文字，但又有圖畫之形，恰似兩隻鳥，一隻佇立，一隻御風而行。其次是將文字的二、三筆聯在一起，增其彎曲流動，似蛇逶迤，如「亥」、「永」等字。第三是對筆畫較少的文字使用各種的方法加以填充，使整體勻稱、充實。如「子」字中間填空，「于」字在採用左寫的同時，強化偏旁依附的筆畫，在附筆的末尾，又加以曲折變化。第四是對某些字，不僅在中心增加斜筆，還在兩旁增加曲線，給人以飄然而下的感受，如「其」字；對含有「田」字結構的處理，都將其中心十字的四角填滿，如「福」、「畏」、「惠」、「獸」以增強其裝飾效果。第五是對某些字的處理趨於圖像化，不少字像手舞足蹈的人形，如「蘭」字似頭戴面具的舞者，「超」更像雙人起舞。

〈王子午鼎〉銘文布局疏密得宜，給人以適意之美，堪與銅器銘文詞句和楚繪畫媲美。銘文屬楚系正體的〈王孫誥鐘〉與〈王子午鼎〉大致鑄於同一時期。〈王孫誥鐘〉是楚金文中的常規字體，縱橫比例大致是 2.4：1，個別字如「年」達到 3.2：1。〈王子午鼎〉出於裝飾的需要，改變了字體的縱橫比例，字形更加頎長，縱橫比例大致為 2.9：1，個別字甚至達到了 5：1，如「孝」、「考」等字。與〈王孫誥鐘〉同時代的他系文字很少出現這種縱長體勢的銘文。齊金文的縱橫比例大致在 1.1：1，個別字甚至趨扁；秦金文的縱橫比例一般是 1.2：1，如〈秦公鐘〉、〈秦公簋〉、〈商鞅量〉等；晉金文的縱橫比例是 1.1：1，如燕侯載器屬於方形略長的書體；魯金文屬於北系金文，字形趨方，如〈邾公華鐘〉的縱橫比例為 1.1：1。〈王子午鼎〉這種縱長體勢、屈曲飄擺的文字顯然是由南方文化所孕育。

表 4-1-2　字的縱橫比例

秦公鐘		秦公簋		商鞅量		燕侯載器		邾公華鐘	

〈王子午鼎〉書法風格別具一格，一改傳統大篆線條的線形特徵，強化了線條的屈曲飄擺，無論是其用筆、結體，還是粗細並用的線條，都表現了流動、活躍、豐富多變的取向，彰顯著華美與炫技。銘文線條環曲纏繞，若鐵線連綿不絕，有時飾以圓點或橢圓點，美觀奇巧，有商書捭刀作風。字體雖以縱長為主，卻不顯單薄羸弱。通篇看去，渾然天成，美輪美奐，縹緲幽遠。

2. 其他鳥蟲書之作

由於〈王子午鼎〉開鳥蟲裝飾風氣之先，使得南方諸國競相效仿，如吳、越、蔡、許、宋等國兵器上也出現了這種鳥蟲篆銘文。如春秋晚期的〈王子孜戈〉（圖 4-1-40）六字銘文中僅三字為錯金鳥書，戰國早期的〈楚王酓章戈〉（圖 4-1-41）18 字中有「恭」、「寅」、「揚」、「文」四字為鳥書，〈楚王孫漁戈〉（圖 4-1-42）僅「王」、「用」二字是鳥書，〈越王者旨於賜鐘〉（圖 4-1-43）全文 52 字，錯金鳥蟲書也僅 10 字。少數樂器銘文也有此特點，如〈越王者旨於賜鐘〉（圖 4-1-44）。以上都只是部分銘文帶有鳥蟲篆文字的鳥形裝飾。

圖 4-1-40　王子孜戈

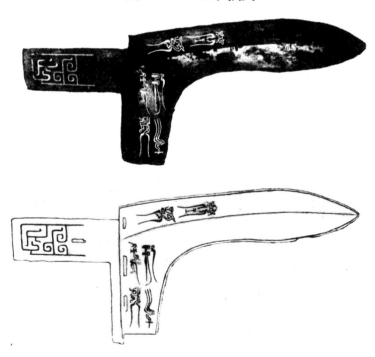

圖 4-1-41　楚王酓章戈

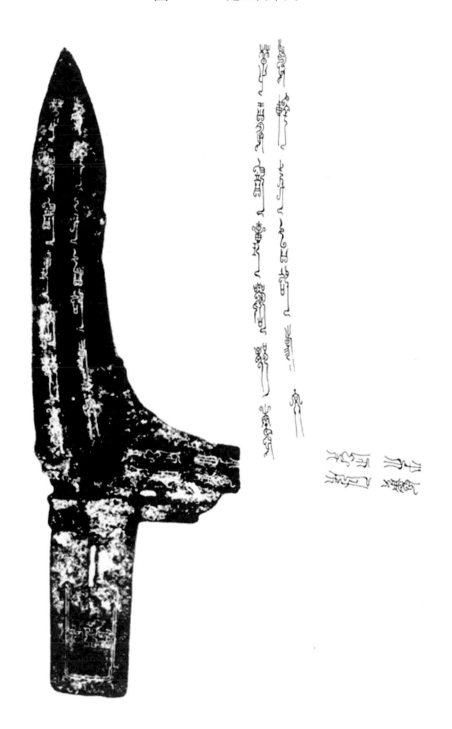

圖 4-1-42　楚王孫漁戈（摹本）

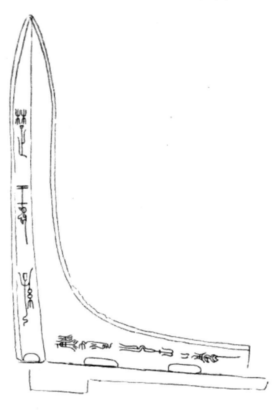

圖 4-1-43　越王者旨於賜鐘（摹本）

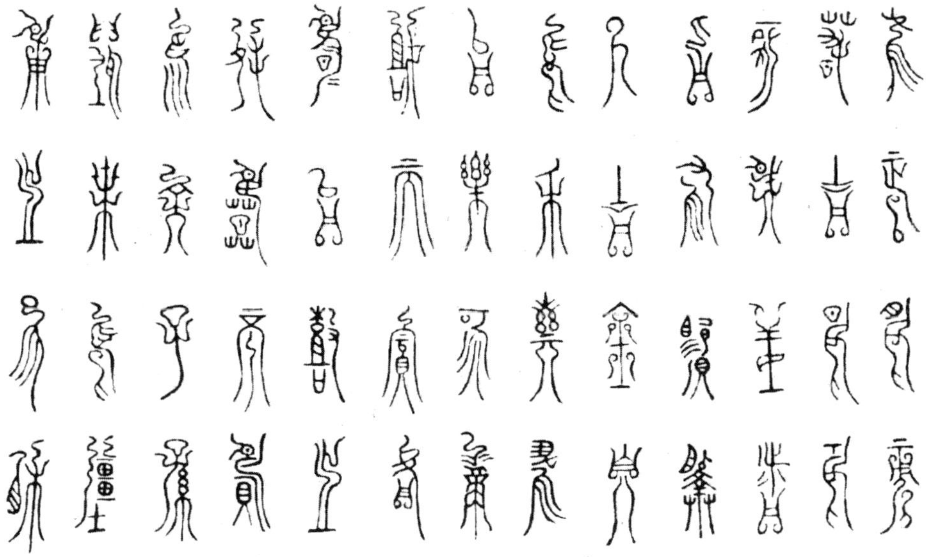

在風格上〈王子孜戈〉、〈楚王酓章戈〉等求奇務變，筆畫繆屈增繁，局部作鳥蟲形態。〈楚王酓前盤〉筆畫細長，起駐筆和轉折處增肥如滴水之形，後世稱之為蚊腳書。

然隨著裝飾之風日盛，鳥蟲之形遍及整篇銘文，如〈越王州句劍〉（西元前 448 年～前 412 年）（圖 4-1-44）、〈越王州句矛〉（圖 4-1-45）上的銘文全部使用鳥蟲形。此時距鳥蟲書的發現已近一個世紀。

圖 4-1-44　越王州句劍

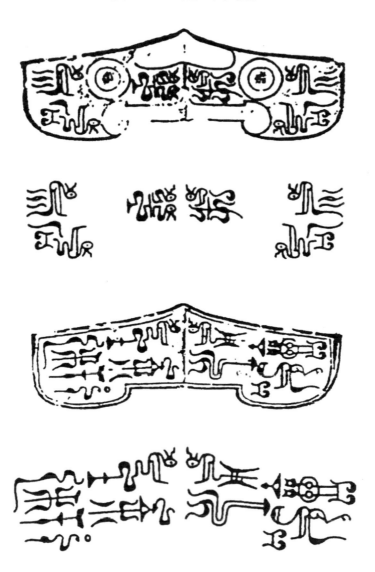

圖 4-1-45　越王州句矛

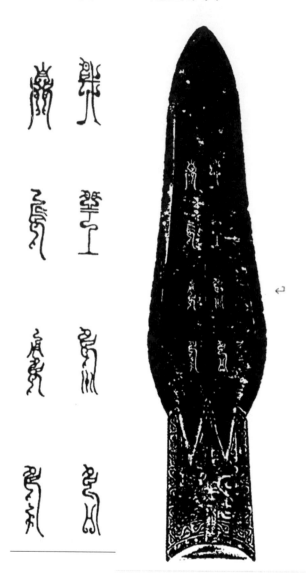

3. 鳥蟲書的形式與寫法

　　鳥蟲書的裝飾有多種形式，有以對稱兩鳥相對或相背、中間夾一字者，如〈吳季子之子逞劍〉中的「季」字、〈王子孜戈〉中的「王」字；有鳥冠上戴一字者，如〈楚王孫漁戈〉中的「用」字、〈楚王酓璋戈〉中的「南」字；有鳥喙上銜一字者，如〈虞公劍〉中的「自」、「用」等字和〈王子孜戈〉上的「用」字；還有借鳥形以成其字者，如〈越王者旨於賜戈〉、〈越王者旨

於賜矛〉上的「於賜」二字。

表 4-1-3　鳥蟲書裝飾的形式

季	王	用	南	自	用	用	於賜	於賜
吳季子之子逞劍	王子孜戈	楚王孫漁戈	楚王酓璋戈	虛公劍	虛公劍	王子孜戈	越王者旨於賜戈	越王者旨於賜矛

在書寫方法上，有的用雙鉤，如越王劍上的「王越」二字，有的在戈內亦有鳥形裝飾，如〈宋公得戈〉，當陽趙家湖出土的〈番仲戈〉等。

表 4-1-4　鳥蟲書書寫比較

王越	宋	皇
越王劍	宋公得戈	番仲戈

綜合上述楚系正體與鳥蟲書，吾人可規納出楚金文特徵有三：

其一是字體的縱長化。周金文一般以端嚴方正者居多，筆畫一般不作誇張，結體講究虛實、正欹、對稱、呼應，有雍容大度的氣象。「楚化」後的金文結體常作或寬或長的變化，尤以變長者居多。如〈王孫誥鐘〉線條纖勁如線，而且拖出一條長尾，有如風箏的飄帶，靈動飄逸。〈王孫遺者鐘〉體勢頎長，弧曲的細線綿亙勁韌，往來不絕，奇巧美觀，縹緲幽遠，有一種特殊的美感。〈王子午鼎〉怪誕奇詭，逾出常格，線條屈曲纏繞，大幅度地加大線條拉伸擺動的運動態勢。〈曾侯乙編鐘〉銘體勢修長，線條圓美飄逸，不時加大的大距離、大幅度的弧曲擺動線條與裝飾性偏旁相呼應，觀之有堂皇奇美、惠風和暢之感。這種縱長書體始終籠罩著一種神秘古奧、飄渺莫測的氛圍，我們很難以一般意義上的書法審美標準來衡量。但是，那自由變幻的線條樣式，那增加的裝飾性點畫和那變形的字形結構，不僅影響到後來各種風格的蟲書和其他美化裝飾性書體，而且為突破傳統書寫習慣去改造正體大篆，提供了參照的法式。

其二是書風的唯美化。周金文多凝重端嚴、雄奇渾穆之感，「楚化」後的金文裝飾漸多。如〈王子午鼎〉、〈楚王酓章戈〉，文字以鳥類、鸞鳳、夔龍、蟲蛇的形體進行組合，或成為字形之外的裝飾，或巧妙嵌入字形之中，或擷取其中一部分，或使線條屈曲蜿蜒模擬蟲蛇的動態，或揉合多種形式於一字之中，造成千變萬化、異彩紛呈的效果。不僅如此，為了強化裝飾效果，楚人甚至還在字體上錯金，使之燦爛奪目。如〈鄂君啓車節〉、〈曾侯乙墓編鐘〉和一些兵器上都有錯金銘文。〈鄂君啓車節〉字體刀刻而錯金，筆法端莊嫻熟，清新秀麗，字距、行距極為講究，字距大於行距，布局和諧，體勢平正、端莊，線條宛轉剛勁，生動自然，以刀代筆的意味醹足。從楚金文的書體演變及其美化傾向來看，「楚化」不僅對楚金文的全面成熟構成強烈影響，作為南系書風的主流形態，它還對吳、越、徐、蔡等長江中下游書風構成整體籠罩，其文字也出現了以鳥蟲形和點子作為附加裝飾的傾向。從文化角度分析，鳥蟲篆的產生源於楚人的巫術思維和龍鳳圖騰崇拜情結。他們將龍鳳的流美造型和圖騰崇拜的文化心理意識融入金文的創造中，使楚金文成為楚風浪漫下的產物。

其三是銘文鑄刻製作的草化。周金文多為鑄銘，風格凝重渾穆；楚金文

不僅有鑄銘，而且還有大量刻銘。刻銘不僅加工方便，而且也提高了銘文製作速度，更強化了金文的「書寫」意味，書風有簡率、草化的意味。特別是中晚期的刻銘，用筆流利爽勁，有抑揚頓挫的豐富變化，打破了鑄銘線條造型僵滯的態勢，在線條節奏上獲得了自由的律動。這一時期的楚金文開始將西周篆文的形體和鳥蟲篆的流美線條結合起來，從而推動楚金文走向成熟。與早中期楚金文相比，此時期的楚金文結體趨於扁方，這種變化既與刻銘的流行有關，也與手書墨跡的影響有關。這兩方面作用的結果便是篆書的草化，它在很大程度上可視為「隸變」的先聲，其中孕育的筆法動機和技巧正是後世隸書的重要審美因素。

可見「楚化」是楚人以自己卓越的創造力和地域文化，對周金文進行的改造。「楚化」是金文從筆畫、字形、結構到章法以及銘文制作方式的根本性變化，書體的空間構成、線條形態及運動節奏，都呈現出濃郁的楚風。從字體上說，「楚化」之後的字體別具一格，結字方法和偏旁部首獨特，字體造型變化豐富，結體的多變和筆畫的伸縮成就了楚金文特有的筆致韻味。從書風上說，楚金文流麗清奇、浪漫譎詭，既有宗周的遒麗端莊、剛柔相濟之美，又有高古奇肆、飄逸空靈之美，從而豐富了金文書法的審美內涵。

總之，西周時期中央權勢遠遠強於諸侯列國，故各諸侯國的文化禮儀必須與中央保持一致，連各國的器皿造型、銘文都與周王朝保持高度同步。然而，從東周（西元前 770 年）開始，周天子式微，列國勢力興起，地域文化得到發展。尤其是受中原影響較小的南方諸國，出現了獨特的文化形式。這種文化變化體現在銘文上便是鳥蟲書的抬頭。鳥蟲書流行於當時的楚、越、吳、蔡、徐、宋等南方諸國，不僅被應用於鐘鼎之上，兵器上更為常見，如〈吳王子于戈〉、〈越王勾踐劍〉、〈楚王孫漁戈〉、〈宋公欒戈〉、〈蔡侯產劍〉等。鳥蟲書一開始是在金文之上作一些或鳥或蟲形象連綴在筆畫上，常露出字形之外，不難辨認。後來逐漸發展成鳥蟲在筆畫之間，或者乾脆用鳥蟲來代替筆畫。鳥蟲的形狀「隨體詰詘」，和篆書字體配合適宜，容易取得美觀的效果。鳥蟲書在戰國時期達到了頂峰，以至於後來許慎將其列入秦書八體。由於鳥蟲書只是對當時已有文字的一種修飾，本質上是金文的一種美術字體，因此它並不是一種獨立的漢字系統，它體現的仍然是春秋戰國時期南方的漢字文化。個相當長的時期，它們彼此並存，相互影響。

二、楚系俗書手寫體的呈現

上述有關楚系正體金文與鳥蟲書，屬於當時楚系的正體字與美術字，大多呈現在器物上。但以正體為基礎的手寫俗書，才是當時應用在生活上的大宗。手寫體要求流暢順手，其字形源自楚金文。日常大量的書寫，如遣策、律書、日書等文件的書寫，有「速」、「簡」的要求。楚簡是先秦時期當之無愧的墨跡經典，是中國書法史上無名書手群體的共同創造。它構建了一個與先秦題銘書法相媲美、相雁行、令人沉醉的墨跡世界。在分析其共同的藝術特徵時，不僅要從書寫本身出發，考察其用筆、結體細節，把握其書寫風格，還應充分考慮到文化制度、風俗習慣、書寫工具、書寫材質以及個人書寫意興對它構成的影響。

「工欲善其事，必先利其器。」一種新書體的誕生必然受到客觀物質條件的影響，書寫工具、材料對書寫效果影響極大。楚簡的形與質，與書寫工具和材料密切相關。要在硬質狹長、空間極為有限的竹條上書寫，對書寫者和工具都提出了較高要求。

楚毛筆多為長鋒小筆，筆頭的芯、鋒主要用硬質且有彈性的兔箭毛製成，基本上具備了毛筆的尖、圓、齊、健四德（圖 4-1-46）。從楚簡的書寫特徵來看，率意、恣放、秀逸、遒勁，一筆一畫提按分明，盡善盡美，由此可知楚筆的書寫性能良好，堪稱得心應手。

與書寫相關的還有墨。墨質的優劣，直接影響到書寫速度和效果。楚墨是當時流行的丸墨，屬天然漆煙，它色澤烏黑發紫光，書寫起來行筆流暢，不黏、不澀、不滯。在不甚平滑的竹簡上書寫，如果沒有與其相適應的佳墨，是難以寫出筆法靈活、使轉自如、圓曲飄擺、姿態紛披的書寫效果的。

圖 4-1-46　荊門包山楚筆

楚簡的書寫意興最為濃烈，運筆靈動活潑，得心應手，輕鬆自然，姿態橫生。其豎長的形制，豎寫的次序，偏扁的字形，趨橫的字勢，形成了豎貫

通成行，橫聯絡無列，既顯均齊，又置錯落的獨特格局。

　　為了便於攜帶、收藏和展示，楚簡的制作儘量窄小輕便。因其簡面窄小，書寫者別具匠心，使字跡儘量橫向拓展，左掠右波，極力行舒展之意，使結構緊而不密，疏而不鬆。如此，既節約了書寫材料，又寫出了楚簡的獨特結構和形態。

　　楚簡書法具有率意外露、以拙生巧的意趣。率意是楚簡的靈魂，從藝術美的角度看，率意雖然出於實用、簡便和快速，但由此而生的是其藝術上的自然情趣，是無意中對自然美的追求。嚴謹、華飾、整齊是一種美，率意、流便、恣放也是一種美，都是書手審美觀的自然流露。楚簡在藝術上的獨特風格，並非任何個人所能獨創，它是一定歷史階段由各種因素互相配合和作用的結果。一個時代的書法藝術，總是和其他藝術門類息息相關、血肉相聯，如楚畫、楚雕、楚樂、楚舞等，無不具有灑脫、靈秀和奇肆的特點，這是時代賦予它們的共同特質，而這些特質也為楚簡所擁有。

　　從以上的分析可以知道，楚系文字雖然源於商周傳統，卻又有別於商周傳統。在春秋初期漸顯其特色，其藝術個性始終是鮮明而且顯豁的。這種藝術個性不只顯著地反映在正體官書楚金文書法上，其他樣式的書法在形式上也有不同程度的反映。只不過簡書、帛書、陶文、刻銘等，由於在民間通行而較少受「政治」意識的制約。此外，由於上古書寫材料的拓展，文化快速地傳播，再加上社會上書寫需求的增長。書體和書法風格的融合與變遷，往往通過草體俗書的渠道悄然進行。因此我們看到，楚書法表現出來的書寫異形，形體風格化、裝飾化取向以及隸變、草化萌芽，雖然是上古書法風格演變的共同趨勢，但各地域文字書寫在實用與審美分途發展方面，程度是不平衡的，楚系文字的書寫更傾向審美。這種取向消化吸收了來自北方中原、東南淮水和長江下游地區，以及西南巴蜀文化圈中的藝術因素，對後世書法特別是秦漢簡牘帛書，產生了重要影響。

　　楚系文字鮮明的地域性，是從商周傳統「楚化」而來。經過五百餘年的「楚化」，楚文字形成了獨特的風格、書法樣式、階段性特徵以及審美取向。文字「楚化」的因素很多，歸納起來大致有以下幾點：一是由春秋戰國時代的政治和戰爭情勢所決定；二是與楚國固有歷史和文化背景有關；三是南方自然地理環境對楚國文化的影響；四是早期文字在應用的規範性與書寫的便捷性之間的矛盾。大致是由這些因素決定了楚文字的藝術特徵和審美趨向。

第二節　楚簡出土概況

　　20 世紀 50 年代以來，楚簡帛書持續出土，如長沙《子彈庫楚帛書》、長沙《五里牌楚簡》、長沙《仰天湖楚簡》、長沙《楊家灣楚簡》、信陽《長臺關楚簡》、江陵《望山楚簡》、隨縣《曾侯乙墓竹簡》、江陵《天星觀楚簡》、江陵《九店楚簡》、常德《德山夕陽坡楚簡》、荊門《包山楚簡》、慈利《石板村楚簡》、江陵《磚瓦廠楚簡》、黃岡《曹家崗楚簡》、荊門《郭店楚簡》、《上海博物館藏楚竹簡》、新蔡《葛陵楚簡》、《清華大學藏戰國竹簡》、江陵《藤店楚簡》、臨澧《九里楚簡》、江陵《馬山楚簡》、江陵《秦家嘴楚簡》和江陵《雞公山楚簡》等。現在將上述竹簡，作一番介紹：

一、長沙子彈庫楚帛書

　　《楚帛書》作於戰國中晚期。西元 1942 年 9 月，在湖南長沙子彈庫出土。隨後流入美國，現藏於美國華盛頓賽克勒博物館。〔註22〕（圖 4-2-1）

圖 4-2-1　長沙子彈庫楚帛書乙篇

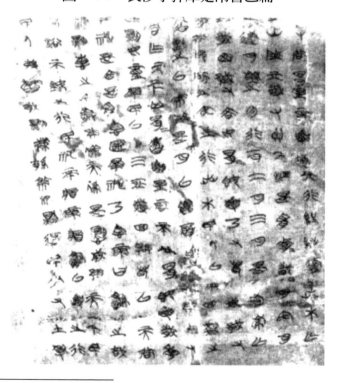

〔註22〕李零：〈楚帛書的再認識〉，《楚帛書研究》（十一種），（上海：中西書局，2013年 12 月），頁 212。

大小共 14 片。最大的一片最長處 46 釐米、最寬處 27 釐米。用朱欄界為三行，上有墨書 14 字，字多清晰，其他小片一至三、五字不等。帛上有彩畫以及墨書文字，內容為天文、四時及其有關的神話和禁忌。墨書呈橫寬矩形，中部是相互顛倒的兩段文字，文字字體寬短，橫筆長且多半上揚拱起，運筆慢而有倒勾。《楚帛書》字跡工整，藏鋒抽穎，落筆側鋒取勢，圓轉和方折的線條結合，結體渾成協調，是目前發現最早的帛書，也是先秦時期少有的墨書長篇。

繪帛紋理雖不比玉石粗，卻要比竹簡阻力大，所以《楚帛書》寫來意均力足，擺動中仍存較多的中鋒。帛書橫向筆劃較長，伸展自如，長橫帶下之勢尤為明顯，呈現出筆劃之間氣勢的連貫，有較強的流動性感覺。

《楚帛書》發現得較早，所以已有不少研究篇章。目前較重要的專書有諾埃爾·巴納之《楚帛書譯註》、李零《長沙子彈庫楚帛書研究》以及饒宗頤、曾憲通合編的《楚帛書》。

二、長沙五里牌楚簡

西元 1951 年 10 月至 1952 年 2 月，中國科學院考古研究所湖南調查發掘團，用了三個月的時間，對長沙近郊古墓進行發掘清理工作，發掘了墓葬162 座，其中五里牌 406 號墓發掘出竹簡 38 枚，內容為記錄隨葬物品的遣策。〔註23〕（圖 4-2-2）五里牌位於湖南省長沙市東郊，地處湘江東岸的丘岡。406 號楚墓年代推測屬戰國中期，約在西元前四世紀。

竹簡出土時位於內槨外面的西北角，該墓 1948 年冬曾被盜擾，竹簡擺放的位置是根據當年的盜掘者口述繪製的。在出竹簡的地方出了許多竹篋的殘片，因而推想竹簡是曾放在竹篋裡面。

竹簡保存狀況較差，出土時已呈黑褐色，且全部殘斷，總計 38 枚。竹簡殘長 2～13.2 釐米，寬約 0.7 釐米。簡文以墨書寫在篾黃面，每簡殘存 1～6 字不等。字跡有的漫漶不清，難以辨識。經中山大學楚簡整理小組拼綴，只復原 18 枚。內容屬隨葬物品的遣冊，所記物品重要有鼎、勺、杯、車、戈、駕、弓等，這批遣冊的特點是在竹簡的上半段記錄器物的名稱、數目，下半段記錄器物所在的位置。

〔註23〕中國科學院考古研究所：《長沙發掘報告》，（北京：科學出版社，1957 年）。
　　　　商承祚：《戰國楚竹簡彙編》，（濟南：齊魯書社，1995 年），頁 123～132。

墓主身份，發掘整理者沒有論及。但就墓葬形制看，五里牌 M406 的墓主身份應在「大夫」一級。

1952 年 3 卷 7 期的《科學通報》上刊登了湖南調查發掘團撰寫的〈長沙近郊古墓發掘記略〉一文，報導了該墓出土竹簡的情況。1957 年科學出版社出版的由中國科學院考古研究所編寫的《長沙發掘報告》一書中也刊登了這批竹簡的釋文和圖版。

圖 4-2-2　長沙五里牌楚簡摹本

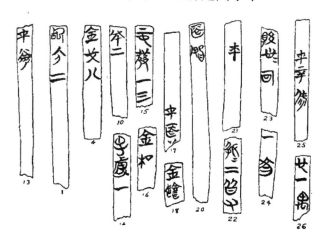

三、長沙仰天湖楚簡

西元 1953 年夏至 1954 年秋，先後在湖南仰天湖、左家公山、楊家灣出土了一批竹簡。〔註24〕其中仰天湖楚簡是 1953 年 7 月為湖南省文物管理委員會發掘出來的文物。出土竹簡的仰天湖 25 號墓是一座中型楚墓，出土竹簡共 43 枚。其中完整的簡 19 枚，長 20.2～21.6 釐米、寬 0.9～1.1 釐米、厚 0.12 釐米，內容為記錄隨葬物品的遣策，屬戰國中期作品，竹簡現藏於湖南省文管會。（圖 4-2-3）

〔註24〕 湖南省文物管理委員會：〈長沙仰天湖戰國墓發現大批竹簡及彩繪木俑、雕刻花版〉，《文物參考資料》1954 年第 3 期，頁 53～59。湖南省文物管理委員會：〈長沙出土的三座大型木槨墓〉，《考古學報》1957 年第 1 期，頁 21。湖南省文物管理委員會：〈長沙仰天湖第 25 號木槨墓〉，《考古學報》1957 年第 2 期，頁 9。湖南省博物館等：《長沙楚墓》，（北京：文物出版社，2000 年）。羅福頤：〈談長沙發現的戰國竹簡〉，《文物參考資料》1954 年第 9 期，頁 87。史樹青、楊宗榮：〈讀一九五四年第九期「文參」筆記〉，《文物參考資料》1954 年第 12 期，頁 111。

圖 4-2-3　長沙仰天湖楚簡

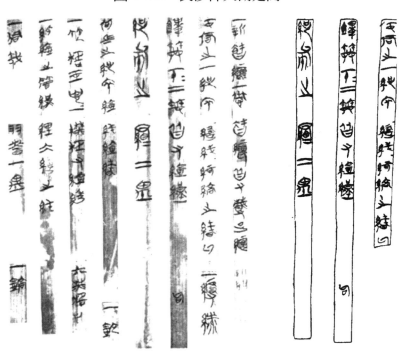

　　簡中部的右側削有兩個契口,兩者相距 8～9 釐米。契口處文字的間距大於同簡其他文字,推測竹簡是先編聯成冊然後書寫文字的。簡文頂端書寫,不留天頭。每簡字數 2 至 21 字不等。字書寫在篾黃面,形體較大,篾青面未見文字。從完整的簡來看,簡文的書寫方式基本上是一簡記一事,簡文多未書寫到簡尾,很難據文意聯綴竹簡,所以,關於簡序的編排,研究者多有歧異。〔註25〕

　　長沙《仰天湖楚簡》文字頗具特色,特別是遣策,筆畫寬厚,出鋒落筆,行筆略按。在結體上保留了比較多的金文篆書的特徵,形體或長或扁,字勢欹側,用筆流暢。

　　長沙是楚國的腹地,也是戰國時期楚國的一大都會。這裡土地肥沃,物產豐富,城市建設、手工業和交通都比較發達。20 世紀 50 年代,此地就清理出了上千座楚墓。仰天湖楚簡記載各種器物的名稱和數量,其中絕大部分是衣衾錦繡之類的服飾和絲織品名稱,還有少量銅、鐵、竹、木器具,是研究

〔註25〕 本文所記簡號,係依史樹青《長沙仰天湖出土楚簡研究》的編號而定。見史
　　　　樹青:《長沙仰天湖出土楚簡研究》,(上海:群聯出版社,1955 年 6 月)。

－231－

楚國紡織工藝、服飾制度的重要資料。

　　1953 年第 12 期《文物參考資料》上刊登了湖南省文物管理委員會撰寫的〈湖南省文管會清理長沙仰天湖木槨楚墓發現大量竹簡彩繪木俑等珍貴文物〉一文，公布了該墓出土的文物情況。此後，1954 年第 3 期《文物參考資料》又刊登了〈長沙仰天湖戰國墓發現大批竹簡及彩繪木俑雕刻花板〉，1957年第 2 期《考古學報》也發表了由湖南省文物管理委員會撰寫的〈長沙仰天湖第 25 號木槨墓〉一文，詳細介紹了該墓出土的竹簡情況，並發表了部分簡影照片。

四、長沙楊家灣楚簡

　　西元 1954 年，湖南省文物工作者在楊家灣 6 號墓出土竹簡 72 枚，能辨識字跡者有 50 枚。〔註 26〕出土時編線已朽，竹簡散亂失次。簡現長 13.5～13.7 釐米、寬 0.6 釐米。簡冊有兩個契口。簡文書寫草率且筆劃過細，至墨色淡化，其中僅有 37 枚簡字跡比較清晰。37 枚簡裡，有 4 枚書寫兩字，其餘每簡僅有一字，由於簡文多不可識，所識之字也難明所指，其性質待考。（圖 4-2-4）

　　1954 年第 12 期《文物參考資料》上刊登了由湖南省文物管理委員會撰寫的〈長沙楊家灣 M006 號清理簡報〉，報導了該墓出土竹簡的情況。1957年第 1 期《考古學報》又發表了該委員會撰寫的〈長沙出土的三座大型木槨墓〉一文，其中也刊布了楊家灣 6 號墓出土竹簡情況和部分竹簡照片。

圖 4-2-4　長沙楊家灣楚簡

楊家灣楚簡殘片

〔註 26〕商承祚：《戰國楚竹簡彙編》，（濟南：齊魯書社，1995 年），頁 267～273。湖北省博物館等：《長沙楚墓》（上），（北京：文物出版社，2000 年），頁 428～432。

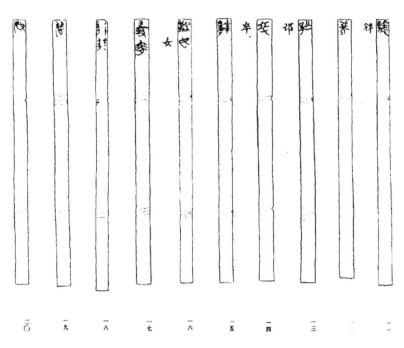

楊家灣楚簡 M569:120 摹本

五、信陽長臺關楚簡

西元 1957 年 3 月，河南省文化局文物工作隊在信陽長臺關發掘了長臺關 1 號楚墓，墓中出土竹簡共 148 枚。〔註27〕

這批竹簡分為兩種：第一種是前室出土的竹簡，李學勤認為是古籍，稱之為「竹書」，寫的是一篇記載申徒狄和周公的談話短文。〔註28〕發掘報告稱之為 1 組竹簡，竹簡編號並以 1 起始。竹書多殘斷，共計 119 枚。殘存最長的簡為 33 釐米，每簡寬約 0.7～0.8 釐米、厚 0.10～0.15 釐米。從較完整的簡來看，竹簡有上、中、下三道編繩，有的編痕處尚存黃色絲線。竹簡右側設有契口。契口上下文字間距大於同簡其他文字，說明竹簡可能是先編連

〔註27〕河南省文化局文物工作隊第一隊：〈我國考古史上的空前發現——信陽長臺關發掘一座戰國大墓〉，《文物參考資料》1957 年第 9 期，頁 21～23。河南省文物研究所：《信陽楚墓》，（北京：文物出版社，1986 年）。郭沫若：〈信陽墓的年代與國別〉，《文物參考資料》1958 年第 1 期，頁 1。商承祚《信陽出土楚竹簡摹本》（曬藍本），1959 年。河南省文化局文物工作隊：《河南信陽楚墓圖錄》，（鄭州：河南人民出版社，1959 年）。中國社會科學院考古研究所：《信陽楚墓》，（北京：文物出版社，1986 年）。

〔註28〕李學勤：〈信陽楚墓中發現最早的戰國竹書〉，《光明日報》1957 年 11 月 27 日。

成冊而後再書寫文字的。簡文以墨書寫在篾黃的一面，大部分字跡比較清晰。竹簡的頭端和末端沒有書寫文字，留有 1 釐米左右的空白，每簡殘存字數不一，最多的有 18 字。少者僅一二字，一般在六七字之簡，共約 470 字。據估計，原簡長約 45 釐米，可書 30 字左右。由於殘損嚴重，大多數文字無法識讀。

　　第二種是發現於左後室的東側，主要爲遣冊，發掘報告竹簡以 2 起始編號。這組竹簡保存比較完整，總計 29 枚整簡長 68.5～68.9 釐米、寬 0.5～0.9釐米、厚 0.1～0.15 釐米。這組簡係以上、下兩道黑絲線編，契口設在簡的右側，契口上下文字的間距大於同簡其他文字，所以它的編連大概也是在書寫之前完成的。並且其中有部分竹簡每四枚爲一束編連在一起，兩兩相對，字面朝裡；每束先用帛包裹，然後再以絲線捆縛，這種情形比較特殊。簡文以墨書寫在篾黃面，未留天頭。書寫方式是分段書寫，一段文字結束後，便再另起一行，每簡書 16～49 字不等，共計 1000 字左右。簡的頭尾多有折裂，有的簡上有刀削的痕跡，或削去下半簡，或削去三四字，多有殘筆可辨，推測應爲誤書後削去的。（圖 4-2-5）

圖 4-2-5　信陽長臺關竹簡

信陽簡〈竹書〉

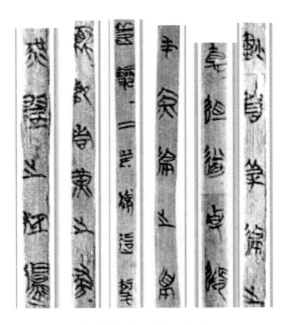

信陽簡〈遣策〉部分

　　《信陽楚簡》「竹書」字形呈方形，工整謹密，結體在眾多恣肆奔放的楚簡中較為內斂，相對緊密，線條勻稱，形態扁平行筆間略具篆意，字勢微向右下傾斜，末尾收筆處往往帶出向下的弧曲。用筆平緩流暢，筆畫均稱，平入順出，無波磔，呈遒勁挺拔之勢。(圖 4-2-5)

　　《信陽楚簡》「遣策」與「竹書」不同，遣策形較竹書長，呈長方形，字勢更為開闊，氣象寬博，落筆粗重。收筆提鋒，用筆圓潤流暢，線條更細。

　　從墓葬規格和隨葬品來看，信陽長臺關楚墓是等級較高的封君級大墓，年代在戰國中期。由於關鍵材料缺乏，墓主姓名和身份至今未有定論。至於墓中第一種簡書，釋者甚眾。有人說是中國現存最早的一部法典——周公《刑書》，有人說是有關周公法制的思想，有人說是歌頌死者生平事跡的短文，還有人說是《墨子》佚篇。早在 20 世紀五六十年代，學界根據殘簡中可識的「三代」、「周公」、「君子」以及《詩經》中的個別語句判斷，認為這批楚簡為儒家典籍。至 70 年代，中山大學古文字研究室楚簡整理小組為這批楚簡做了系統的釋文、注釋和摹本，發現簡文內容與《太平御覽》卷 802 引《墨子》佚文相近。由於當時特殊的政治背景，這個發現並沒有修正原來的儒家典籍之說。直至 1986 年，才有正式的發掘報告《信陽楚墓》出版。90 年代，李學勤在其〈長臺關竹簡中的《墨子》佚篇〉論文中，對簡文的性質又作了

進一步討論，認爲是《墨子》的佚篇。〔註29〕2000 年 8 月，李零在《簡帛研究》網站上發表了〈長臺關楚簡《申徒狄》研究〉一文，認爲簡文雖與今本《墨子》的佚篇或佚文有關，但不一定屬於墨子，而很可能只是周公、申徒狄問對中的一種。因此，他在李學勤研究的基礎上，將篇名直接稱爲〈申徒狄〉。〔註30〕

《信陽楚簡》起筆重而收筆輕，筆鋒或藏或露，筆道富有彈性，字勢多向右上方傾斜，或正或敧，流露出瀟灑跌宕的氣息。

1959 年第 9 期《文物參考資料》刊登了河南省文物工作隊編寫的〈河南信陽楚墓圖錄〉一書，書中集中刊布了該墓出土的器物和竹簡的圖片。直到1986 年，文物出版社才出版了由中國社會科學院考古研究所編的《信陽楚墓》一書，書中完整地公布了該墓墓葬情況及所出土的文物、竹簡情況，並發表了全部竹簡的照片和釋文。

六、江陵望山楚簡

西元 1965 年冬至次年春，湖北省文物考古研究所文物工作隊在江陵望山發掘了四座戰國時期的中小型楚國貴族墓葬，除出土了著名的「越王句踐劍」等銅器外，在 1 號和 2 號墓中，還各出土了一批竹簡。由於這批竹簡出土時殘斷過甚，後經拼接綴聯，1 號墓共存 207 枚，2 號墓共存 66 枚，共有楚竹簡 272 枚。〔註31〕。1 號墓出土的竹簡內容爲遣策，2 號墓出土的竹簡內容主要是墓主卜筮祭禱的記錄。這是首次發現的關於卜筮祭禱的簡文，對研究楚國的習俗很有參考價值。

望山 1 號墓楚簡保存狀況較差，出土時已呈深褐色，且無一完整，全爲殘簡。殘簡最長者爲 39.5 釐米，最短者僅 1 釐米，一般都在 10 釐米以下。拼接後得簡 207 枚，最長者爲 52.1 釐米，一般長 15 釐米左右，簡寬 1 釐米。

〔註29〕李學勤：〈長臺關竹簡中的《墨子》佚篇〉，見李學勤：《簡帛佚籍與學術史》，（南昌：江西教育出版社，2001 年 9 月），頁 327～333。

〔註30〕李零〈長臺關楚簡《申徒狄》研究〉，《簡帛研究網站》，2000 年 8 月，頁 1～4。http://www.bamboosilk.org/Wssf/Liling2-01.htm【案】又載《揖芬集—張政烺先生九十華誕紀念論文集》，（北京：社會科學文獻出版社，2002 年 5 月），頁 309～328。

〔註31〕湖北省文物考古研究所：《江陵望山沙塚楚墓》，（北京：文物出版社，1996年）。湖北省文物考古研究所、北京大學中文系：《望山楚簡》，（北京：中華書局，1996 年）。商承祚：《戰國楚竹簡彙編》，（濟南：齊魯書社，1995 年），頁 79～119、181～264。

每簡三道繩編聯，都有上中下三個契口，中間的契口大多與上下契口等距，不少契口處還殘存編連竹簡的絲線。契口上下的文字間距較大，推測簡冊是先編後寫的。簡文均以墨書寫在篾黃一面，頂端起書，不留天頭，凡 1093 字。文字大部分較清晰，少數漫漶不清。每簡字距疏密不等，最多者達 30 字，一般在 6～15 字之間，共計千餘字。簡文書寫工整，但筆法有別，應為多人所書，主要是卜筮記錄。根據簡文記載，墓主是悼固，年代大約在戰國中期後段，即楚懷王前期。〔註32〕（圖 4-2-6）

圖 4-2-6　江陵望山楚簡

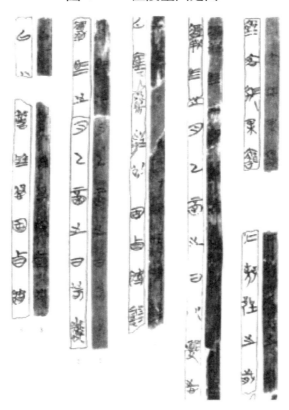

　　望山 2 號墓楚簡出土時散亂且殘損，只有 5 枚保存完好色澤如新，其餘勻已呈深褐色。拼接後得簡 66 枚，最長者 64 釐米，殘簡最短者不足 1 釐米，一般簡長在 4～10 釐米之間，簡寬約 0.6～0.67 釐米。每簡右側都有上下兩個

〔註32〕參見湖北省文物考古研究所、北京大學中文系：《望山楚簡》，（北京：中華書局，1996 年），頁 136；陳偉：〈望山楚簡所見的卜筮與禱祀─與包山楚簡相對照〉，載《江漢考古》，1997 年第 2 期，頁 73～75。

契口，契口處還殘存編簡的絲線，應爲兩道編聯，先寫後編。簡文均以墨書寫在篾黃一面，頂端起書，不留天頭。文字大部分較清晰，每簡字距較密，字數最多者達 73 字，最少者也有 34 字，共 925 字。簡文書寫工整，但筆法有別，似乎出自多人之手。內容是遣策，即記錄隨葬器物的清單。

1966 年第 5 期《文物》雜誌刊登了由湖北省文化局文物工作隊撰寫的〈湖北江陵三座楚墓出土大批重要文物〉一文，詳細報導了這批竹簡的內容，同時還刊登了部分竹簡的照片和摹本。

1995 年中華書局出版了由湖北省文物考古研究所和北京大學中文系合編的《望山楚簡》一書，完整地公布了這批竹簡的照片和釋文，並對簡文進行了考釋。同年，齊魯書社出版了由商承祚編著的《戰國楚簡匯編》一書，書中也收錄了望山出土的竹簡。

七、隨縣曾侯乙墓竹簡

西元 1977 年，某部隊在湖北省隨縣西北擂鼓墩一帶施工時發現了三座大墓，其中擂鼓墩 1 號墓於 1978 年 3 月進行了發掘，這就是著名的曾侯乙墓。出土了包括曾侯乙編鐘在內的青銅器、漆器等珍貴文物七千餘件。〔註 33〕其中出土竹簡 240 多枚，除 1 號簡兩面書寫外，其餘各簡均以墨書寫在篾黃面，字跡多清晰可辨。（圖 4-2-7）

書寫自頂端開始，不留天頭，每簡字數從 4～62 字不等，共 6700 餘字。整簡長 70 釐米至 75 釐米、寬 1 釐米，簡上有上下兩道編痕，編痕上下文字的間距較大，說明竹簡應該是先編連而後書寫的。篇文內容屬遣策，可分四類：一是記錄車馬及兵器裝備，二是記錄車上配備的人馬甲冑，三是記錄駕車之馬，四是記錄馬和木俑。因受楚文化影響，曾侯乙簡書有著濃厚的楚文字風格。

就風格言《曾侯乙墓竹簡》〔註 34〕的 1-141 號簡，字勢開闊，均衡圓活，線條明顯擺動幅度較大，書風工整秀麗，有些文字有明顯的鳥書痕跡。《曾侯乙墓竹簡》142-215 號簡，線條短小犀利，精勁沉著，結體緊實，字勢敧側，

〔註33〕湖北省博物館：《曾侯乙墓》，（北京：文物出版社，1989 年）。
〔註34〕曾侯乙墓簡共 240 枚，但整理後的發表的摹本編號只到 215，另有竹簽二枚。以 141 號爲界，前後呈現出不同的書寫習慣。詳湖北省博物館：《曾侯乙墓》，（北京：文物出版社，1989 年）。張光裕、滕壬生、黃錫全主編：《曾侯乙墓竹簡文字編》，（臺北：藝文印書館，1997 年）。

有明顯的向右上傾斜的態勢，造成一種果敢的視覺效果。

圖 4-2-7　隨縣曾侯乙墓竹簡（摹本）

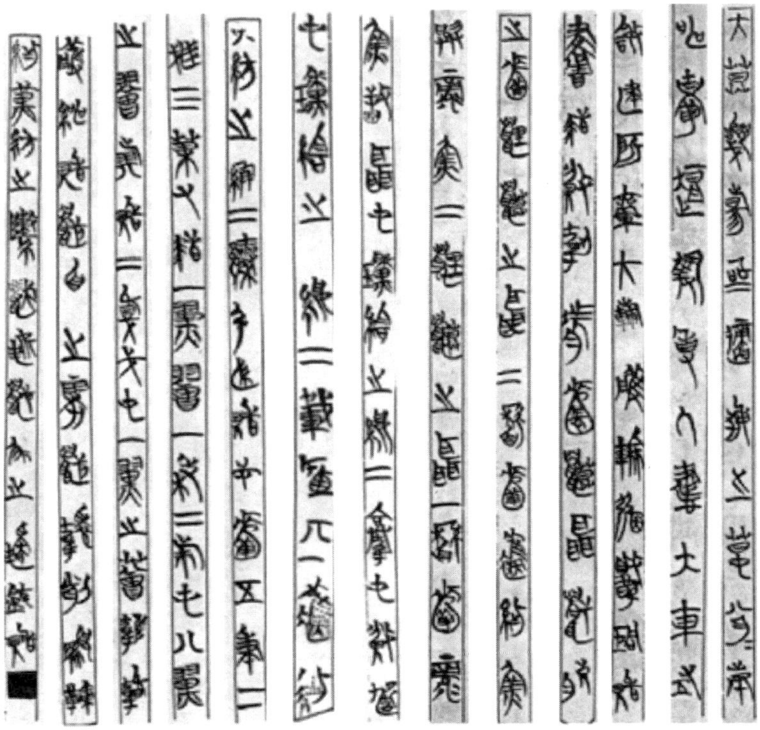

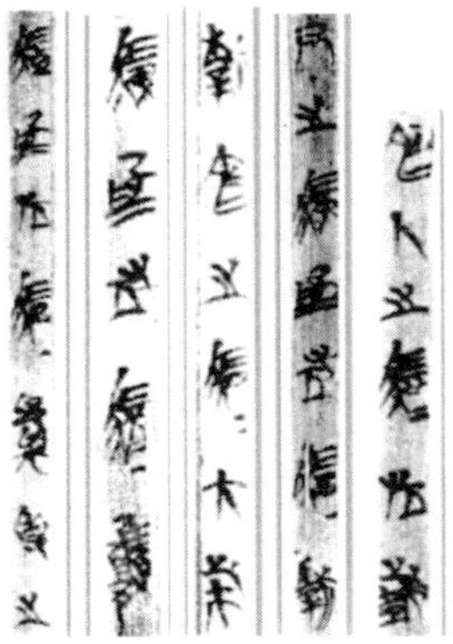

曾侯乙墓簡 1-141 號簡　　　　　曾侯乙墓簡 142-215 號簡

在考古發現的簡牘實物資料中，這是迄今發現書寫時間最早的一批戰國竹簡。具體書寫年代，在曾侯乙墓出土的一件鎛鐘上，有幾行銘文可以作爲它書寫時代的上限依據：「隹（唯）王五十又六祀，返自西昜。楚王酓章乍（作）曾侯乙宗彝，奠之于西昜。其永持用享。」由此可知，鎛鐘是楚惠王熊章所作，並於五十六年（西元前 433 年）贈送給曾侯乙。以此推之，這批竹簡的書寫年代應該與該墓的下葬年代一樣，可定在西元前 433 年前後，屬戰國早期。

戰國時的曾國可能即文獻記載中的隨國，據鎛鐘銘文與墓葬特點分析，年代應爲西元前 433 年或稍晚，其時的曾國已是楚國的附庸，因此，曾侯乙墓出土的竹簡也屬楚系範疇。

關於該墓的情況，《文物》雜誌 1987 年第 7 期刊登了隨縣擂鼓墩 1 號墓考古發掘隊撰寫的〈湖北隨縣曾侯乙墓發掘簡報〉。1989 年文物出版社又出版了由湖北省博物館編寫的《曾侯乙墓》一書，詳細介紹了該墓出土的文物及竹簡情況。

八、江陵天星觀楚簡

西元 1978 年 1 至 3 月間，荊州地區博物館在在湖北省江陵縣觀音增公社五山大隊境內的天星觀 1 號楚墓中掘得竹簡。〔註 35〕整簡有 70 餘枚，其餘殘斷。整簡長 64 釐米至 71 釐米，寬約 0.5 釐米至 0.8 釐米，簡的左側設有契口。簡文一般 15 寫於篾黃面，不留天頭，共計 4500 餘字。內容大致分爲〈遣策〉與〈卜筮記錄〉兩部分。竹簡的字體，具有楚國文字的基本特點，較多地使用了異體字、通假字。（圖 4-2-8）

1982 年第 1 期《考古學報》發表了由荊州地區博物館撰寫的〈江陵天星觀 1 號楚墓〉一文，對該墓的時代，形制以及出土的竹簡等文物作了詳細的介紹。

〔註 35〕湖北省荊州地區博物館：〈江段天星觀 19 楚墓〉，《考古學報》1982 年第 1 期，頁 7。

圖 4-2-8　江陵天星觀楚簡

九、江陵九店楚簡

　　西元 1981 年至 1989 年底，湖北省博物館江陵工作站在江陵縣九店公社雨臺大隊配合生產取土時，共發掘了東周墓葬 596 座，其中 56 號墓和 621 號墓出土有竹簡。湖北江陵九店第 56 號楚墓發掘竹簡 205 枚，〔註36〕其中有字簡 146 枚，簡長 46.6 釐米至 48.2 釐米，寬 0.6 釐米至 0.8 釐米，每簡上最多 57 字，凡 2700 餘字出土竹簡至於側龕內，出土時呈卷束狀，內裏有削刀和漆墨水匣，盒內盛有墨塊，竹簡整體保存狀況較差，出土時呈黑褐色，且大部分殘斷，從整簡來看，竹簡系以三道絲線編連成冊。文字墨書於篾黃面，頂端起書，未留天頭。簡文內容有兩方面：一類記載農作物的稱謂和數

〔註36〕湖北省文物考古研究所：《江陵九店東周墓》，（北京：科學出版社，1995 年）。湖北省文物考古研究所、北京大學中文系：《九店楚簡》，（北京：中華書局，2000 年）。

量，另一類是日書。

　　九店第 621 號楚墓出土殘簡 127 枚，其中有字簡 88 枚，殘斷嚴重，殘存最長者 22.2 釐米。簡寬 0.6～0.7 釐米、厚 0.1～0.13 釐米。其中有 54 枚文字漫漶不清，僅 34 枚簡的字跡可以辨認。從能夠識讀的殘文看，當是與烹飪有關的「季子女訓」，這組竹簡可能是一部古佚書。（圖 4-2-9）

圖 4-2-9　江陵九店楚簡

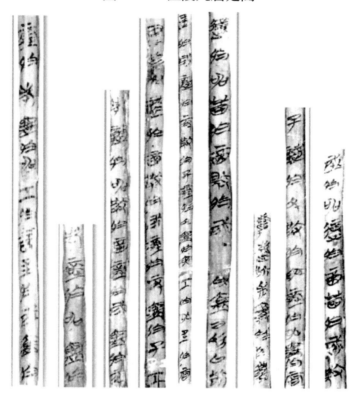

　　從墓葬形制，隨葬器物的特徵來看，這兩座墓屬於戰國晚期墓葬。

　　1984 年文物出版社出版的由楚文化研究會編的《楚文化考古大事記》中刊布了這一情況。1995 年科學出版社出版了由荊川博物館編的《江陵九店東周墓》中全面報導了該墓出土竹簡的情況。2000 年中華書局出版了由湖北省文物考古研究所和北京大學中文系合編的《九店楚簡》一書，對 1995 年科學出版社出版的《江陵九店東周墓》中的竹簡釋文、排列順序都做了一定的修訂。該書刊布了兩墓出土竹簡的照片、釋文，同時還對簡文作了一定的考釋和研究。

十、常德德山夕陽坡楚簡

　　西元 1983 年冬，湖南省常德市德山夕陽坡二號戰國楚墓出土竹簡兩枚。
〔註37〕一枚簡首略有殘損，長 67.5 釐米；另一枚完整，長 68 釐米；各寬
1.1 釐米。一枚有 32 字，一枚有 22 字，共計 54 字。這兩枚簡是迄今在湖南
省境內出土的唯一保存完整的兩枚長簡，彌足珍貴。兩簡文字文義相接，是
一份完整的有記年，記事內容的重要記錄。（圖 4-2-10）

圖 4-2-10　常德德山夕陽坡楚簡

〔註37〕此墓發掘報告尚未出版，竹簡的最初報導見於楊啓乾：〈常德市夕陽坡二號楚
　　　　墓竹簡初探〉，《楚史與楚文化研究》，《求索》雜誌增刊，1987 年。

十一、荊門包山楚簡〔註38〕

西元 1986 年 11 月至 1987 年 1 月，湖北省荊沙鐵路考古隊在荊門市十里鋪鎮王場村的一座名叫包山大冢的土崗上發掘了九座墓葬，在 2 號楚墓出土竹簡 448 枚，其中有字竹簡 278 枚，有字竹牘 1 枚，計 12472 字。單字約 1605 個，合文 31 個。書寫時間大概在戰國中晚期。與竹簡同時出土的還有毛筆一支，筆毫長 3.5 公分，屬細長鋒、尖鋒之毛筆，書寫時當較難以控制。竹簡內容包括遣策、司法文書、卜筮祭禱等，篇題多寫於簡背，簡書為多人所書。竹簡出土時呈黃褐色，大部分保存完整，卜筮和司法文書簡的製作比較精緻，遣冊簡則相對粗糙。（圖 4-2-11）

圖 4-2-11　荊門包山楚簡

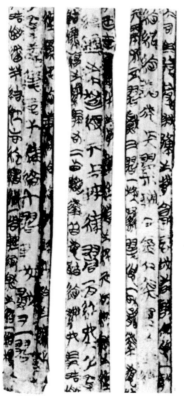

竹牘

〔註38〕湖北省荊沙鐵路考古隊：《包山楚墓》，（北京：文物出版社，1991 年）。湖北省荊沙鐵路考古隊：《包山楚簡》，（北京：文物出版社，1991 年）。

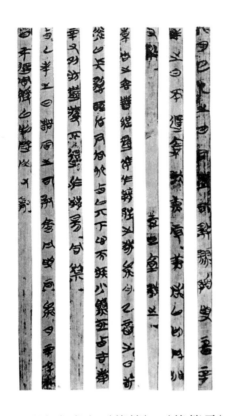

　　司法文書有〈集箸〉、〈集箸言〉、〈受期〉、〈疋獄〉等四部分，內容是若干獨立的事件或案件的記錄，都是各地官員向中央政府呈報的文件。包山簡長各不相同，遣策最長，在 72.3～72.6 釐米間，寬 0.8～1 釐米間；其他簡長也在 67 釐米以上，但相比皆略窄。如 255 號簡長度僅 68 釐米、寬 0.75 釐米，卜筮簡的寬度在 0.7 ～0.85 釐米之間，長度有三種：69.1～69.5、68.1～68.5 釐米、67.1～67.8 釐米。司法簡大部分長 62～69.5 釐米，少數短至約 55 釐米，寬為 0.6～0.85 釐米。文字主要以墨書寫在篾黃的一面，少數簡的篾青面也有文字，這樣的簡共計 24 枚。竹簡文字跡清晰，保存較好。除部分遣策外，大多數竹簡頂端起書，未留天頭。每簡書寫疏密不一，最多 92 字，最少者僅 2 字，一般在 50～60 字之間。同一簡中為區別不同內容，常常留有一段空白。從書寫狀況分析，這批竹簡應當是由多人抄寫而成。

　　《包山楚簡》書者眾多，風格複雜多樣。文書簡線條多弧曲而短促、頭粗尾細特徵明顯，用筆多側鋒，體態多扁方。線條的粗細、圓轉方折，體勢的正、側、欹斜，結體的疏密，各有其章法，儘管風格各異，但在率意、工穩之中顯示了或奔放、或收斂、或疏朗、或凝重、或秀美、或粗獷、或典雅、

或雄渾，都表現了一種經久的生命力。《包山楚簡》「卜筮」，用筆多以側鋒取勢，露鋒落筆，線條平實而圓曲，有峻峭疏朗之感。有頗具釘頭鼠尾的用筆，也有完全使用中鋒，似若「篆引」的書寫。《包山楚簡》「司法文書」的字形、筆劃多層推迭，有不少筆劃有連筆現象，具有韻律感，用筆透露出隸變的資訊。《包山楚簡》「遣策」用筆恣肆灑脫，圓曲中富於提按變化，落筆以露鋒為主兼用藏鋒，中鋒運筆也兼用側鋒，線條圓渾，勁健多姿，頗具靈活性、變動性，結體扁方平穩，書風秀美俊俏。而《包山楚簡》「集箸」充滿著既疏宕空靈又嚴謹渾厚的風格。

　　該批竹簡出土後，最早報導這批竹簡情況的見於 1988 年第 5 期《文物》，雜誌上刊登的由荊沙鐵路考古隊撰寫的〈荊門市包山楚墓發掘簡報〉，同期《文物》雜誌還刊登了包山墓地竹簡整理小組撰寫的〈包山 2 號墓竹簡概述〉一文，詳細地概述了該墓出土竹簡的內容。1991 年 10 月，文物出版社出版了荊沙鐵路考古隊撰寫的《包山楚墓》一書。此書出版後，引起了學者撰寫補釋文章的風潮，2003 年李守奎撰寫《出土楚文獻文字研究綜述》一書，列述《包山楚墓》出版後學者對包山楚簡相關的研究文章及著作。

十二、慈利石板村楚簡

　　西元 1987 年 5、6 月間，湖南省文物考古研究所與慈利縣文管會在慈利縣石板村發掘了一批戰國、西漢墓葬。其中規模最大的第 36 號戰國楚墓，出土了一批竹簡，數量約 1000 枚左右。〔註39〕這批竹簡保存狀況較差，出土時無一整簡，多已經彎曲，大部分黏連在一起，斷裂與錯位現象十分嚴重。據統計，殘簡共 4557 片。保存最長的簡 36 釐米，最短者不足 1 釐米，竹簡較薄，厚僅 0.1～0.2 釐米、寬 0.4～0.7 釐米。推測原簡長 45 釐米，總數約 1000 枚，估計原簡應有 21000 字左右。由於殘損嚴重，竹簡的編聯狀況不明。簡文墨書，部分字跡清晰，但有相當多的文字字跡模糊。已知簡文的內容為記事性古書，以記吳、越二國史事為主，如黃池之盟、吳越爭霸等，可能與《國語》、《戰國策》、《越絕書》等書的某些記載相同。有《國語‧吳語》、《逸周書‧大武》、《管子》佚文及《寧越子》等。

〔註39〕湖南省文物考古研究所、慈利縣文物保護管理研究所：〈湖南慈利石板村 36 號戰國楚墓發掘簡報〉，《文物》1990 年第 10 期，頁 37。張春龍〈慈利楚簡概述〉，「新出簡帛國際學術研討會」論文，北京大學，2000 年 8 月。邢文：〈新出簡帛國際學術研討會綜述〉，《文物》2001 年第 5 期，頁 23。

目前這批簡文正在整理之中，尚未公布。關於該墓葬的時代、形制以及出土竹簡情況等，已由湖南省文物考古研究所等單位合寫成〈湖南慈利石板村36號戰國墓發掘簡報〉，發表在 1990 年第 9 期《文物》雜誌上。

十三、江陵磚瓦廠楚簡

西元 1992 年，湖北省荊州博物館考古工作隊在荊州城西江陵磚瓦廠清理了編號爲 M370 號的楚墓一座。清理出 6 枚竹簡，簡文內容雖有殘缺，但大意基本完整，其中較爲完整者長 62.4、寬 0.8 釐米，其中 4 枚簡寫有文字，記述的是一件司法案例。〔註40〕與包山 2 號墓出土的司法文書有點相似。（圖 4-2-12）

圖 4-2-12　江陵磚瓦廠楚簡

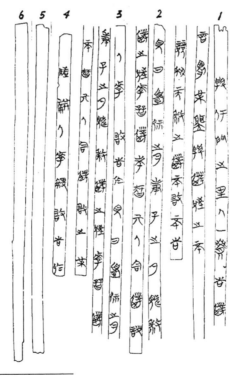

〔註40〕 這批資料最早由滕壬生披露，載《楚系簡帛文字編》，（武漢：湖北教育出版社，1995 年）。隨後陳偉據騰書進行連綴並就內容進行了探討，載於《楚國第二批司法簡芻議》。《簡帛研究》第三輯，（桂林：廣西教育出版社，1998 年），頁 116～121。竹簡資料的正式公佈及研究載滕壬生、黃錫全：〈江陵磚瓦廠 M370 楚墓竹簡〉。見《簡帛研究二○○一》（上），（桂林：廣西師範大學出版社，2001 年），頁 218～221。

十四、黃岡曹家崗楚簡

西元 1992 年底至 1993 年 4 月，在湖北省黃岡市市區北禹王城南的曹家崗墓 5 號墓出土了一批竹簡。〔註41〕竹簡出土時呈黑褐色，共 7 枚，長 12.8～12.9 釐米、寬 0.7～0.75 釐米、厚 0.15 釐米。每枚簡有上下兩個契口，契口處多見編線殘痕。簡文墨書於篾黃面，自頂端起書，字體秀麗。每簡所書字數不等，共計 40 字。簡文保存狀況不好，字跡大多模糊。

十五、荊門郭店楚簡

西元 1993 年 10 月，湖北省荊州市博物館在荊門市沙洋區四方鄉郭店村楚國的貴族墓地中搶救性地發掘了郭店 1 號楚墓。該墓雖經盜擾，但仍出土竹簡 804 枚，其中有字簡存 703 枚，且大部分完整。〔註42〕竹簡形制不一，時間屬戰國中期偏晚。（圖 4-2-13）

簡長有三種：第一種長 32.3 釐米或 32.5 釐米左右，包括《老子》甲、〈五行〉、〈六德〉、〈緇衣〉、〈成之聞之〉、〈尊德義〉，〈性自命出〉；第二種長 26.5～30.6 釐米，主要是《老子》丙，〈太一生水〉。〈魯穆公問子思〉、〈窮達以時〉、〈唐虞之道〉、〈忠信之道〉、和《老子》乙；第三種 15～17.5 釐米，主要為〈語叢〉。前兩種兩道編繩，第三種三道編繩，總字數約一萬三千餘字。形狀上有兩種，一種竹簡兩端修削成梯形；一種竹簡兩端平齊。竹簡上有兩或三個契口。因編線腐朽，竹簡出土時已經散亂、殘損。這些竹簡內容出土時皆無篇題，上述篇題都是整理者根據竹簡內容擬加的。簡文內容，主要是儒家和道家著作，包括：

《老子》甲、乙、丙三種，共 71 枚，大部分保存完整。為目前所見年代最早的《老子》傳抄本。

〈太一生水〉有 14 枚簡，現存字數 305 個，簡略有殘損。

〈緇衣〉全篇 47 枚簡，保存完整。兩端修削成梯形，長 32.5 釐米。兩道編線，簡文自梯形頭部之下起書，主要書寫於篾黃面，只有簡 40 一簡的篾青面也寫有文字。每簡字距疏密不一，字數在 22～31 字不等，一般在 23～25 字之間。字體工整秀麗。內容與今本《禮記》之〈緇衣〉相近。

〔註41〕黃岡市博物館、黃州區博物館：〈湖北黃岡兩座中型楚墓〉，《考古學報》，2000 年 4 月，頁 257～284。

〔註42〕湖北省荊門市博物館：《荊門郭店一號楚墓》，《文物》，1997 年第 7 期，頁 35。 荊門市博物館：《郭店楚墓竹簡》，（北京：文物出版社，1998 年）。

　　〈魯穆公問子思〉有 8 枚簡，略有殘損，兩端修削成梯形，長 26.4 釐米兩道編線。簡文自梯形頭部之下起書，字距比較一致，一般每簡書寫 20～22 字，字體工整。

　　〈窮達以時〉全篇 15 枚簡，已有殘缺。兩端修削成梯形，長 26.4 釐米。兩道編線。簡文自梯形頭部之下起書，每簡一般書寫 19～23 字，字體工整，該篇竹簡形制及書體風格與〈魯穆公問子思〉篇相同，李學勤提出二者可能是同一竹書中的兩章。〔註43〕

　　〈五行〉簡凡 50 枚，略有殘損。兩端修削成梯形，長 32.5 釐米。兩道編線。簡文在梯形頭部之下起書，每簡多書寫 22～25 字，字體工整秀麗。

　　〈唐虞之道〉簡 29 枚，有殘損。兩端平齊，長 28.1～28.3 釐米。兩道編線。頂端起書，每簡字數多在 24～27 字之間，字體工整。

　　〈忠信之道〉簡有 9 枚，基本保存完整。兩端平齊，長 28.2～28.3 釐米。兩道編線頂端起書，字距較密，一般書寫 29～34 字，竹簡形制及字體與〈唐虞之道〉大體相同。

　　〈成之聞之〉簡凡 40 枚，略有殘損。兩端修削成梯形，長 32.5 釐米兩道編線，頂端起書，字距比較一致，每簡字數一般在 24～26 之間，字體粗放灑脫。

　　〈尊德義〉簡凡 39 枚，保存完整，兩端均修削成梯形，長 32.5 釐米。兩道編連。頂端起書，每簡字距不一，多數書寫 21～24 字，字體粗放灑脫。

　　〈性自命出〉簡 68 枚，略有殘損。兩端修削成梯形，長 32.5 釐米。兩道編線。頂端起書，每簡字數多在 22～25 字之間。

　　〈六德〉簡 49 枚，有殘損。兩端修削成梯形，長 32.5 釐米，兩道編線。頂端起書，每簡多數書寫 20～22 字，字體比較工整秀麗。

　　〈語叢一〉凡 112 枚，有殘損。兩端平齊，長 17.2～17.4 釐米。三道編線。字距較疏，留有天頭和地尾。每簡一般書寫 8 字，字體工整秀麗而又縱長飄逸，具有明顯書寫藝術化傾向。

　　〈語叢二〉凡 54 枚，略有殘損。兩端平齊，長 15.1～15.2 釐米，三道編線，書寫習慣及風格與〈語叢一〉基本相同。

　　〈語叢三〉凡 72 枚，略有殘損兩端平齊，長 17.6～17.7 釐米。一道編線。

<hr>

〔註43〕李學勤：〈天人之分〉，見鄭萬耕主編：《中國傳統哲學新論》，（北京：九州圖書出版社），1999 年，頁 239。

每簡留有天頭和地尾，字數多在 8～10 字，字體與〈語叢一〉、〈語叢二〉較爲一致。

〈語叢四〉簡 27 枚，略有殘損。兩端平齊，長 15.1～15.2 釐米。兩道編線。簡文頂端起書，字距較密，字體較小，每簡多數書寫 15～16 字。

圖 4-2-13　荊門郭店楚簡・老子甲

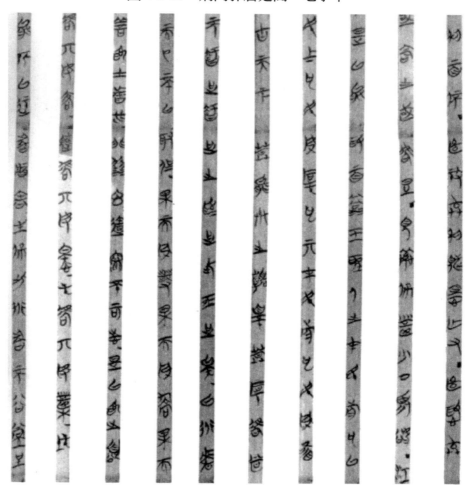

根據墓中隨葬禮樂器、車馬器等陪葬品以及竹簡的書寫風格，墓葬年代大致確定在戰國中期偏晚。又據墓中隨葬耳杯杯底刻文「東宮之杯」（或「東宮之師」），墓主應是一位與太子關係密切的文吏，簡冊就是他珍藏的典籍。簡冊總體的書寫基調是端嚴的，儘管風格差異較大，但主調是雅正的，類似後世寫經。

這是戰國古籍第一次比較集中、完整的發現，這些內容不僅對研究楚文化有意義，對研究先秦文獻也有重大價值。郭店竹簡保存完整，自己清晰如新，且字大醒目，從中可見楚系戰國文字的面貌。

該墓竹簡的出土引起了廣大中外學者的關注，《文物》雜誌 1997 年第 7 期刊登了由荊州市博物館撰寫的〈荊州郭店 1 號楚墓〉，詳細報導了該墓的墓葬形制，時代及出土文物情況，但對簡文內容介紹較少。2002 年荊州市博物館將整理後的資料匯集，交由文物出版社出版《郭店楚墓竹簡》一書，包括先秦儒道兩家典籍與前所未見的古代佚書如〈緇衣〉、〈五行〉、《老子》、〈太一生水〉共十八篇。

十六、上海博物館藏戰國楚竹書

西元 1994 年 3 月、4 月及 2000 年 3 月上海博物館從香港文物市場及骨董商手中，購得共四批不明出土時間和地點的戰國楚簡，計 1600 餘枚，凡 35000 餘字，共八十多種著作。〔註 44〕這批竹簡屬於戰國晚期，推測竹簡出土於湖北江陵地區。整理者認爲它們應爲楚國遷郢以前貴族墓中的隨葬物品。竹簡長度爲 23.8～57.2 釐米不等，寬約 0.6 釐米，厚 0.1～0.14 釐米，分兩道和三道編繩。（圖 4-2-14）

《上博簡》內容豐富，簡文涉及《詩經》、《周易》的內容，還有一些與文王和周公有關的內容，有的可以與傳世典籍對讀，堪稱最早的古書文本，有的則是不曾見於記載的佚籍。後經專家初步分類整理，分爲二十餘篇八十餘種，包括文學、歷史、哲學、宗教、音樂、軍事等方面，涉及近百種古書，是繼《郭店楚簡》之後先秦古籍的又一次重大發現，《上博簡》現所知的篇名有：〈孔子詩論〉、〈紂（緇）衣〉、〈情性論〉、〈民之父母〉、〈子羔〉、〈魯邦大旱〉、〈從政·甲〉、〈從政·乙〉、〈昔者君老〉、〈容成氏〉、《周易》、〈中弓〉、〈亙（恆）先〉、〈彭祖〉、〈采風曲目〉、〈逸詩〉、〈逸詩·交交鳴鷺〉、〈逸詩·多薪〉、〈昭王毀室、昭王與龔之膴〉、〈柬大王泊旱〉、〈內豊（禮）〉、〈相邦之道〉、〈曹沫之陳〉、〈競建內之〉、〈鮑叔牙與隰朋之諫〉、〈季庚子問于孔子〉、〈姑成家父〉、〈君子爲禮〉、〈弟子問〉、〈三德〉、〈鬼神之明融師有成氏〉、

〔註44〕馬承源：〈戰國楚竹書的發現保護和整理〉，《中國文物報》，2001 年 12 月 26 日。馬承源主編：《上海博物館藏戰國楚竹書（一）》，（上海：上海古籍出版社，2001 年 11 月），頁 114。

〈競公虐〉、〈孔子見季趏子〉、〈莊王既成申公臣靈王〉、〈平王問鄭壽〉、〈平
王與王子木〉、〈愼子曰恭儉〉、〈用曰〉、〈天子建州・甲〉、〈天子建州・乙〉、
〈武王踐阼〉、〈鄭子家喪〉、〈君人者何必安哉〉、〈凡物流形〉、〈吳命〉、〈子
道餓〉、〈顏淵問於孔子〉、〈成王既邦〉、〈命〉、〈王居〉、〈志書乃言〉、〈有皇
將起〉、〈李頌〉、〈蘭賦〉、〈鶹鷅〉、〈成王爲城濮之行（甲、乙本）〉、〈靈王
遂申〉、〈陳公治兵〉、〈舉治王天下（五篇）〉、〈邦人不稱〉、〈史蒥問於夫子〉、
〈卜書〉等，目前發表四十九篇竹書，計 794 枚，經綴合爲 681 簡。

　　《上博簡》之〈子羔〉、〈緇衣〉、〈昔者君老〉、〈容成氏〉、〈民之父母〉、
〈魯邦大旱〉、〈從政〉乙等篇，結體寬博，線條對稱美觀，頗具篆意，起筆
入鋒，收筆出鋒。字勢欹斜，運筆流暢。《上博簡》之〈性情論〉、〈從政〉甲
等篇，書寫較爲草率，相較其他篇而言，中鋒用筆痕跡較爲明顯，線條粗細
變化較爲平穩。《上博簡》幾乎所有的筆劃都呈拱曲的弧形，其行款布白疏落
有致，落落大方。

　　自 2001 年起至 2012 年止，上海古籍出版社已陸續出版由馬承源主編的
《上海博物館藏戰國楚竹書》（一）～（九）冊，此書爲目前研究上博簡主要
的依據。

圖 4-2-14　上海博物館藏戰國楚竹書

孔子論詩　　　　　　　　　子羔　　　　　　　　性情論

十七、新蔡葛陵楚簡

1994 年 5 月，河南省文物考古研究所等單位在駐馬店市新蔡縣西李橋鎮葛陵村搶救性發掘了編號為 94XGM1001 平夜君成墓，墓中出土竹簡 1500 餘枚。〔註 45〕竹簡全部殘斷，出土時呈灰黑色。原簡寬度不詳，最寬者約 1.2 釐米、窄者約 0.6 釐米，一般在 0.8 釐米左右。簡文一般以墨書寫於篾黃面，少墨書寫在篾青面，且字數較少。簡文大部分清晰，字距疏密不一，字體或秀麗或奔放，顯示出不同的書寫風格。推測由多人書寫而成。內容可分為兩類：一類是墓主人平夜君成生前的占卜祭禱記錄，與湖北包山 2 號楚墓的卜筮祭禱類竹簡內容極為相似，這一類的竹簡佔了大部分。另一類是記錄隨葬物品的遣策，數量很少，僅 10 餘枚簡。據該墓出土的文物考證，墓葬的時代應在戰國中期楚聲王之後。在戰國時期，新蔡是楚國淮河流域北部的重要城邑。（圖 4-2-15）

就風格來說《新蔡葛陵楚簡》有兩種風格。第一種，典型的釘頭鼠尾線條，結體緊密，露鋒入筆，提筆出鋒，線條短促犀利，多圓轉的弧曲，祭禱記錄屬之。第二種，結體鬆散，字勢多欹側，線條短促而書寫多草率，遣策屬之。

2002 年第 8 期《文物》雜誌刊登了由河南省文物考古研究所等單位撰寫的〈河南新蔡子夜君成墓的發掘〉首次報導了該墓葬及出土文物、竹簡情況，並刊登了少部分竹簡的釋文和照片。2003 年，河南大象出版社出版了由河南省文物考古研究所編著的《新蔡葛陵楚墓》一書，全面報導了該墓出土的竹簡情況及竹簡照片和釋文。

〔註45〕宋國定、賈連敏：〈「平夜君」墓與新蔡楚簡〉，「新出簡帛國際學術研討會」論文，北京大學，2000 年 8 月。河南省文物考古研究所等：〈河南新蔡平夜君成墓的發掘〉，《文物》2002 年第 8 期，頁 4～19。

圖 4-2-15　新蔡葛陵楚簡

祭禱記錄 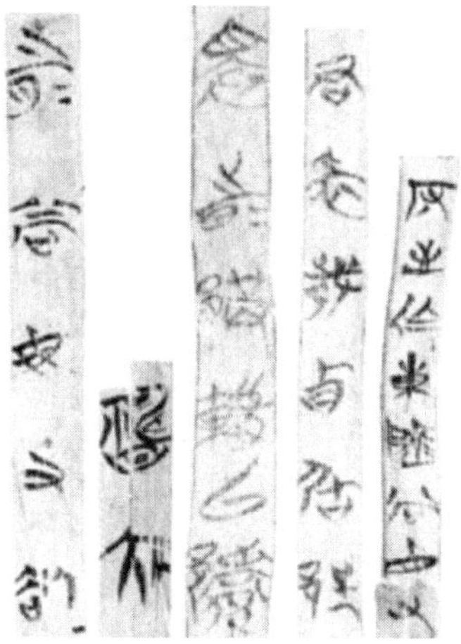　　　　　　　　　　　遣策

十八、清華大學藏戰國竹簡

　　《清華大學藏戰國竹簡》，簡稱《清華簡》，是 2008 年 7 月 15 日入藏清華大學的一批楚簡。這是從香港搶救回來的一批文獻，由清華大學校友趙偉國捐贈。《清華簡》的內容多爲經、史一類的典籍。經年代測定，這批竹簡產生於西元前 305 前後 30 年間，相當於戰國中晚期偏晚。簡共 2388 枚，簡的長短不一，最長簡約 46 釐米，最短簡只 10 釐米。有少數簡上還有紅色的格線，即爲「朱絲欄」，目前已知的竹簡內容爲〈尹至〉、〈尹誥〉、〈程寤〉（圖 4-2-16）、〈保訓〉、〈耆夜〉、〈金縢〉、〈皇門〉、〈祭公〉、〈楚居〉、〈繫年〉、〈傅說之命〉3 篇、〈周公之琴舞〉、〈芮良夫毖〉、〈良臣〉、〈祝辭〉、〈赤鵠之集湯之屋〉、〈算表〉〈命訓〉、〈厚父〉、〈封許之命〉、〈湯處於湯丘〉及〈湯在啻門〉等多種。

圖 4-2-16　清華大學藏戰國竹簡程寤

一般認爲《清華簡》有五大學術貢獻，分別是：重現了《尚書》及類似典籍、澄清了一些學術史上長期爭論的疑難、發現了前所未知的周代詩篇、復原了楚國歷史及地理、提供了古文字特別是楚文字研究的珍貴材料。

《清華簡》書風多樣，其中〈尹誥〉、〈程寤〉、〈保訓〉、〈耆夜〉、〈金縢〉、〈皇門〉、〈顧命〉、〈楚居〉等篇，用筆流暢靈活，起筆尖鋒，收筆出鋒，峻利流暢，豐富多變，結體又工穩雅正，內圓外方，波勢挑法已見端倪。

2010 年 12 月《清華大學藏戰國竹簡（壹）》出版，2011 年 1 月 5 日，首批成果正式發布，迄今已出版《清華大學藏戰國竹簡（捌）》。是所得資料最新，又發佈最快的出土文獻。

十九、其　他

此外，還有幾批出土的戰國楚簡，但至出土後尚未發表，具體內容和墨跡不詳，包括：

江陵藤店楚簡　西元 1973 年 7 月，湖北省江陵縣藤店公社社員在興修水利時，發現一座戰國中期墓葬。〔註 46〕此批竹簡出土時已經全部散落殘斷殘損嚴重，總計竹簡 24 枚，共 47 字。殘簡最長的 18 釐米，寬 0.9 釐米，字數最多的僅 7 字。竹簡以竹片削成，以墨書寫於竹簡的背面。1973 年第 9 期《文物》雜誌刊登了由荊州地區博物館撰寫的〈湖北江陵縣藤店 1 號墓葬發掘簡報〉，文中詳細報導了該墓出土的竹簡情況。然而這批資料迄今未見正式發表，具體內容不詳。

臨澧九里楚簡　西元 1980 年 11 月發掘湖南省臨澧縣九里 1 號戰國楚墓，墓口東西長 34.5 米，南北寬 32.8 米，墓深 20 米，墓道長 19 米，墓口往下有 22 級台階，棺槨保存完好。槨長、寬，均爲 8.8 米，高 4.4 米。發掘出土文物有龍鳳鐘鼓架、兵器架，彩繪漆案和玉器、陶器。漆木器有雙虎座鳳鳥架、鎮墓獸、耳杯；玉器有玉壁、玉塊、玉佩；陶器有鼎、敦、壺及難辨器形的金皮 250 余克，以及不少竹簡，共 300 餘件。但其中出土簡數 10 枚，字跡模糊，保存狀況較差，其內容爲記錄隨葬物品的遣策和占卜文書。該批竹簡內容目前尚未發表。1991 年文物出版社出版的《文物考古工作十年（1979～1989）》中報導了這一情況。

〔註 46〕荊州地區博物館：〈湖北江陵藤店一號墓發掘簡報〉，《文物》1973 年第 9 期，頁 7。

　　江陵馬山楚簡　西元 1982 年，湖北荊州地區博物館發掘江陵馬山公社磚瓦廠 1 號楚墓，出土了大批質地精良的絲綢及一枚竹簡，〔註47〕簡文內容爲隨葬品清單。

　　江陵秦家嘴楚簡　西元 1986 年 5 月至 1987 年 6 月，湖北省荊沙鐵路考古隊在湖北江陵秦家嘴，發掘楚墓 105 座，其中 1 號墓、13 號墓、99 號墓三座墓出土了竹簡。〔註48〕三所墓葬出土竹簡已殘斷，1 號墓出土竹簡 7 枚，13 號墓出土竹簡 18 枚，內容皆爲卜筮祭禱類；99 號墓出土竹簡 16 枚。這些竹簡資料迄今尙未正式發表，從簡報介紹看，其內容主要是卜筮記錄，另外 99 號墓還有少量遣冊。這些竹簡的出土情況，荊沙鐵路考古隊撰文〈江陵秦家嘴楚墓發掘簡報〉發表在 1988 年第 2 期《江漢考古》雜誌上。

　　江陵雞公山楚簡　西元 1990 年於湖北江陵雞公山 M48 號墓出土了一批竹簡。〔註49〕竹簡發現與接近槨蓋板的塡土中，內容係遣冊，目前尙未見詳細報導。

第三節　楚系書風分析

　　楚簡帛書不論是在形體上還是筆法上，比起春秋末的《侯馬盟書》來，無疑是向前跨出了一大步。楚簡帛產生於「文字異性，語言異聲」的時代這一時代，社會風雲突變。政局動盪不安，時代對資訊傳播提出了新的要求。鑄刻文字因工藝繁難，不易廣爲流傳和普及，迫切呼喚一種新的載體和書寫方式誕生。以竹簡爲載體，因其材料相對易得，也易於加工，毛筆因書寫的便宜和快捷，使文字書寫的連筆、簡筆、快寫成爲可能，這些自然成爲楚人首選的書寫材料和工具。因此，可以說這正是時代的變革。它和簡帛、毛筆等材料工具的廣泛使用孕育了隸變，使文字筆法和形體結構進一步掙脫大篆的束縛成爲可能。

〔註47〕荊州博物館：〈江陵馬山磚瓦廠 1 號楚墓出土大批戰國時期絲織品〉，《文物》1982 年第 10 期，頁 1。陳躍鈞、張緒球：〈江陵馬磚 1 號墓出土的戰國絲織品〉，《文物》1982 年第 10 期第 9 頁。彭浩：〈江陵馬磚 1 號墓所見葬俗疏略〉，《文物》1982 年第 10 期，頁 12。

〔註48〕荊沙鐵路考古隊：〈楚簡江陵秦家嘴楚墓發掘簡報〉，《江漢考古》1988 年第 2 期，頁 36～43。

〔註49〕張緒球：〈宜黃公路仙江段考古發掘工作取得重大收穫〉，《江漢考古》1992 年第 3 期，頁 80。

　　金石碑刻文字之筆畫橫平豎直，橫畫接近水平，左右近於對稱居多，平穩而沈穆，豎畫作爲中心之支柱，方向較筆直，有廟堂莊重凝肅之氣。反觀楚簡文字，豎畫呈現曲度，一改金石文字篆書之直線化線條，橫畫則由左向右上斜仰，有些走向較直，有些與豎畫一樣，曲度較大而成弧線，斜方向之筆畫亦然，這使得楚簡絕大部分之筆畫爲斜線與弧線所構成，橫線向右上斜仰，在戰國楚簡中是普遍可見之現象。

一、楚系手書文字的運筆

　　積點畫以成字，書法是表現點畫的藝術。而一點一畫的形成，乃在於書法筆法的入筆、運筆、收筆的運用，是否得當。不同的筆法所書寫出來的點畫，自然會有不同的表現效果。而要如何展現筆法的多樣性的關鍵，在於運筆的方法。

　　由於形制獨特，簡面窄小，字形不大，故楚簡的書寫以運指爲主，其起、運、收動作幅度不大，但率性灑脫，特點鮮明。從文字的運筆作一探討，對了解楚系文字不同書風的差異性，有一定的幫助。每位書手，都有不同的用筆習慣，稱之爲「運筆」，而書寫揮毫時線條所行走的路線，則稱之爲「行筆」。而線條運行的方向大致有「向右（→）」、「向下（↓）」、「左下（╱）」、「右下（╲）」四個方向。現就「起筆」、「收筆」及「行筆」三方面的表現，來作探討。

（一）起　筆

　　關於起筆與收筆，前賢有「善書者，一點一畫有三轉，一波三拂有三折〔註50〕。」之說。言作一橫畫，入筆須欲右向左爲一轉，運筆向右時爲第二轉，收筆向左迴爲第三轉，法度甚爲嚴密。然此乃爲方便後人習書所歸納之原則。簡帛書法用筆則不完全受此限。蓋先秦文字，大多自然落筆，書寫時「自左上方往右下方」落筆者居多，頗類楷、行、草書之法，這是右手執筆書寫自然的方向。筆毫之尖、鈍，以及起筆時落筆之輕、重，或有露鋒與否的差異，但基本上不是刻意去逆入、藏鋒。如此一來，各體書法雖有形態不同，但用筆則一也。可知楷法與篆法隸法，脈絡相承。

〔註50〕　（清）魯一貞、張廷相：《玉燕樓書法》，中華叢書美術叢刊（一），（臺北：國立編譯館，1986 年 9 月），頁 324。

表 4-3-1　起筆之例

	向右（→）	向下（↓）	左下（↙）	右下（↘）
尖起				
鈍起				

　　起筆是指下筆接觸簡面，所造成的形狀（表 4-3-1）。起筆依習慣可分「尖起」、「頓起」二種，運筆亦可分從「中鋒」、「側鋒」來看。郭店竹簡的起筆大致可分三種：

　　1. 尖起中鋒

　　能以尖鋒起筆者，毛筆的狀況要相當好，起筆就會露鋒，運筆的提按也會較明顯。此類書風起筆時不刻意頓壓筆尖，由輕而重自然地用中鋒運筆。靈活而流轉，有光潔舒朗之感。偶有銳角，亦順勢而為。以「尖起中鋒」起筆者，如表 4-3-2。

表 4-3-2　尖起中鋒之例

不	而	弗	者	豐	於	也
郭・成 30	郭・尊 29	郭・性 37	郭・六 9	郭・語一 76	郭・語二 53	郭・語三 5

　　2. 尖起側鋒

　　落筆時停頓，會產生一個銳角。這銳角的銳利程度，與書手書寫時執筆的傾斜角度、墨水的含量有關。以「尖起側鋒」起筆的，如表 4-3-3。

表 4-3-3　尖起側鋒之例

為	相	是	長	也
郭・老甲 6	郭・老乙 4	郭・老丙 12	郭・太 11	郭・緇 21
弗	之	者	於	
郭・五 42	郭・魯 7	郭・窮 6	郭・語四 24	

3. 鈍起中側鋒兼用

　　起筆未有刻意「藏鋒」、「逆筆」，所以線條充滿著厚實感，而這種少有鋒芒線質類似清朝鄧石如、吳昌碩等人的篆書。不過清人寫篆，多用羊毫，有別於先秦專用硬毫。可以推測書手是用已磨損較爲嚴重的毛筆書寫，所以寫不出「尖」的筆畫。這種寫法可以《郭店楚簡》的〈唐虞之道〉、〈忠信之道〉這兩篇爲例。以「鈍起中側鋒兼用」起筆者，如表 4-3-4。

表 4-3-4　鈍起中側鋒兼用之例

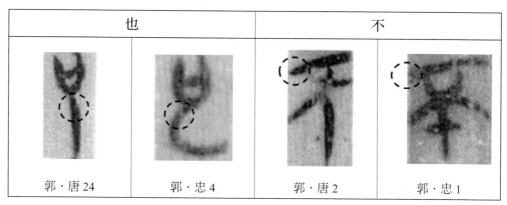

也		不	
郭・唐 24	郭・忠 4	郭・唐 2	郭・忠 1

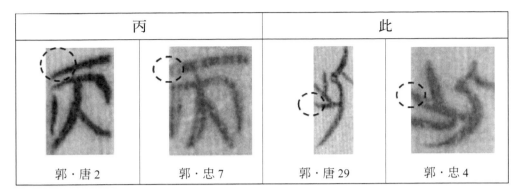

丙		此	
郭・唐 2	郭・忠 7	郭・唐 29	郭・忠 4

（二）行　筆

　　竹簡文字多以曲線行筆，流暢靈活、短線結字、圓轉取勢。書寫提按明顯，橫畫自然向右上略為傾斜。文字中的每個部件，多半一至二筆完成，至多三筆。除了常見的曲線線條為楚共見。（表 4-3-5）

表 4-3-5　行筆之例

一筆	運筆方向	→	↓	↙	（圖）	（圖）
	例	（圖）	（圖）	（圖）	（圖）	（圖）
二筆	運筆方向	（圖）	（圖）	（圖）		
	例	（圖）	（圖）	（圖）		
三筆	運筆方向	（圖）				
	例	（圖）				

（三）收　筆

楚簡帛常見的收筆，大概可分爲「提鋒」、「頓按」、「迴筆」三類（表 4-3-6）。「提鋒」就是在收筆時將筆鋒提起，自然收尖出鋒，未刻意收筆。如《說文》古文及《正始石經》，橫畫均作尖筆，也就是露鋒；「頓按」是收筆前再作頓壓收鋒；「迴筆」是呼應下一筆的帶筆，出鋒的方向，往往是下一筆的開始。

表 4-3-6　收筆之例

	向右（→）	向下（↓）	左下（╱）	右下（╲）
提鋒				
頓按				
迴筆				

「提鋒」、「頓按」爲《郭店》竹簡所共通的筆法，而「迴筆」只是部分書手的習慣。《郭店》的〈尊德義〉、〈成之聞之〉、〈六德〉、〈性自命出〉則較常見。

（四）帶　筆

由於是以毛筆書寫當時能通行的篆書，表現出一定的提按用鋒變化，不像金文筆道那樣單一。例如《郭店楚簡·性自命出》還表現出明顯的連筆意識，圓轉溫婉之中顯出剛勁。筆意的連貫、用筆節奏的強弱變化，都說明了書寫速度的快捷和筆墨技巧的純熟。用筆的靈活與結構之安穩相得益彰，顯得和諧安閒而生動多姿，這即是書寫時所產生的「映帶」，甚至出現因帶筆而產生的斷筆。（表 4-3-7）

表 4-3-7　帶筆之例

而	見	宝	也
郭·性.1	郭·性.12	郭·性.5	郭·性.59

　　由上面的分析，可以得知楚簡的用筆形態，主要有三類：

　　其一是釘頭鼠尾，線形如蝌蚪者，此種形態是毛筆飽合墨液後重入輕出或鈍入尖出產生的。殷墟文字中就已出現，《侯馬》、《沁陽盟書》與之一脈相承，《曾侯乙墓簡》也是這種相對原始的筆法。在晉系青銅銘文中，這種筆法得到了歸納整理，富於裝飾趣味，字形也趨於整飭。《郭店楚簡》中受晉系書風影響的簡書，是繼承了後者。漢代《三體石經》中的古文，也主要採用這種筆法。

　　其二是端尖中豐的筆法形態。這是一種裝飾美化的筆法，常見於青銅兵器銘文，是在手寫體基礎上加以裝飾美化而成，反映出楚人崇尚流暢、華美的藝術取向。《郭店楚簡·尊德義》中「水」字，一波三折，用筆粗細變化豐富，將流麗之美和裝飾意趣表現得淋漓盡致。及至漢代，官辦的皇家書法院——「鴻都門學」招收學員，考試內容就有「工書鳥篆」一項。〔註51〕可見這種書體流傳的時代不僅限於春秋戰國之際，後代也有應用。

　　其三是藏鋒起、回鋒收的均粗筆法。楚簡的書寫有規整和草率之分。書寫規整者，用筆起訖有藏鋒、回鋒的意味，與西周銅器銘文的主流筆法相承接，只是形體扁平上與西周金文不同顯露出楚系文字特色。書寫草率者，最能代表楚系文字追求便捷、快速的新筆法，如《包山楚簡》、《天星觀楚簡》等，其橫畫起筆多順鋒切入，中段弧曲向上拱起，收筆下頓或回勾。這種用筆與秦簡逆向下筆、收筆時鈍出或上挑的用筆完全不同，它是開啓行草書筆

────────────────

〔註51〕　《後漢書·蔡邕傳》云：「初，帝好學，自造〈皇羲篇〉五十章，因引諸生能　　　　　為文賦者，本頗以經學相招，後者為尺牘及工書鳥篆者，皆加引召，遂至數　　　　　十人。」見（宋）范曄撰、（唐）李賢等注：《後漢書》，（北京：中華書局，　　　　　1965 年 5 月），頁 1991～1992。

法的一種新筆法。不少楚簡都有這種行寫法的用筆因素,如《包山楚簡》中的「一」、「下」、「王」等字,橫畫的起收與行草書寫法基本一致。「九」、「子」、「巳」等字的折筆和字形也與行草書接近。此外,行書中「糸」旁的寫法,草書中「天」、「夫」等字的寫法,也顯然由楚簡演變而來。〔註52〕在《天星觀楚簡》中,行草書用筆的痕跡也非常多見。

由於傳世書法文獻對古文簡書用筆特徵的描速不如其他書體那麼豐富,只有「漆書」、「蝌蚪文」及「豐中銳末」等少量詞匯來描速古文書法的用筆和形態特徵。現在大量楚簡的面世,讓我們一睹戰國時期的楚簡書法的筆法風采,使吾人對楚簡書法演變的不同階段有了更為深刻的認識。

二、楚系手書文字的基本筆畫

《郭店楚簡》與《楚帛書》與《望山楚簡》、《包山楚簡》、《仰天湖楚簡》字體相同、風格接近,表現出當時文字應用的簡化趨勢,顯示出楚系文字的典型書寫特色。並且楚系文字有意識地運用羨筆來營造裝飾效果,用筆活潑,字形秀麗,頗多浪漫、詭譎的氣息,是楚文化特色的具體體現。

楚簡筆畫之向右上傾斜,加上弧線,使得其書法風格中,加入了一種動態與運動感,字裡行間充滿表情與張力。以下就橫畫、豎畫、斜畫、折畫、點畫及羨筆等六個部分來分析。

（一）橫　畫

這裡所討論的「橫」,是指平直的右行線條。它在金文中只是一條平直的「橫線」,但自戰國中晚期以後,它成為一條略有起伏提按的曲線。楚簡之類的文字,使用毛筆直接書寫於竹簡之上,以人手自然書寫之姿勢,習用右手者,由左向右書寫橫線,本就容易向右上傾斜,枕腕書寫更易出現這種情形,竹簡寬度一般皆為 0.8～1 公分左右,單字最大極限就是 1 公分左右,手持毛筆枕竹簡而書是普遍之現象,因此不分篆書之地域或隸化情形深淺,這些簡、帛書寫墨書文字,由手運筆表現出具有抑揚頓挫、輕重緩急之線條,而另一重大特徵,就是產生了斜線和弧度。

據筆者觀察,楚系簡帛文字的橫畫,都是由左下往右上傾斜,幾無例外。而秦系簡牘的橫畫,多有由左上向右下傾斜者。由左上向右下傾斜者,均為

〔註52〕劉紹剛:〈東周金文書法藝術簡論〉,載《周紹良先生欣開九秩慶壽文集》,（北京:中華書局,1997 年版）,頁 4～14。

秦系文字殆應無疑。

　　1. 第一種：動勢上仰

　　角度陡峭上仰，形成充滿動勢與不安定感，表現出強烈的視覺緊張，加上弧線之作用，更助長其動感。（表 4-3-8）

表 4-3-8　橫畫動勢上仰之例

盬	吉	之	子
包 2.212	包 2.164	包 2.7	望 1.161

　　2. 第二種：堅定平穩

　　堅定而有力之直線，向右上穩定而緩和的上揚，尤以長橫線更爲顯著，橫畫偶帶弧度，但曲度並不大，此類之橫線偏離水平線與直線之角度不大，屬於穩定的風格中，仍透露出一定程度之動態，而不流於呆板。（表 4-3-9）

表 4-3-9　橫畫堅定平穩之例

金	攻	時	三	王	羊
包 2.116	包 2.116	郭·語 4.25	上（2）容.48	帛乙 5·09	帛乙 9·08

　　3. 第三種：圓轉流暢

　　線條圓轉流暢，橫向筆畫起筆向右上仰，再趨於水平，或向下之後再迴筆，故斜度之表現尚溫和，透露出柔和之動感，弧線則成爲此類最大之特色，大部份之筆畫皆帶有弧度，且弧形之彎曲平順，穩定而流暢，延著一定之圓弧作曲線運動，全字展現流轉不息的優美韻律感和節奏感。（表 4-3-10）

表 4-3-10　橫畫圓轉流暢之例

止	不	古	陽	建	邊
包 2.28	包 2.60	九.56.32	包 2.128	九.56.32	包 2.128

（二）豎　畫

　　楚簡文字少有長的豎畫，也少有筆直的豎畫，即便寫出，也是有弧度或是彎曲的，與秦系文字有很大的不同。這也間接說明了它與隸書的關係較遠。（表 4-3-11）

表 4-3-11　豎畫之例

中	才	十	不
郭・語 1.21	曾 77	信 2.022	帛・丙 2.4
包 2.140 反	郭・唐 18	望 2.7	上一・孔 25

（三）斜　畫

　　橫畫斜度強烈，產生較大之脫離力道，單字向右抬頭之姿態昭然易見，用筆輕重懸殊，但橫畫之傾斜度與弧線之表現則相當一致，部分弧線之扭曲力量極大，乃由於弧線延著一定之弧度行進，尾端再次偏離此弧度而以曲度更大之方向行進，脫離原有軌道之力量劇烈，而產生強烈之筆勢與方向性。（表 4-3-12）

表 4-3-12　斜畫之例

產	又	戈	命
包 2.106	郭・六 45	曾 40	帛甲 3・10
可	少	乃	夫
郭・成 19	帛丙 4・02	上（2）.容.15	上（2）.魯.4

（四）折　畫

楚簡之筆畫轉折處，由於書寫的自由度很高，用筆率意，提按互用，運筆轉彎時，筆管或正或偏斜，傾斜角度不同，造成許多不同造形之方、圓與線質之軟、硬筆調，由於其橫、豎畫相接處的轉、折用筆與方圓之造形，變化多端，遠勝於金石文字之篆書造形。（表 4-3-13）

表 4-3-13　折畫之例

台	司	丙	日	困	尹
包 2.38	包 2.31	帛丙 1.3	秦 99.14	上（1）.孔.9	包 2.115

（五）點　畫

「點」是文字中最簡短的筆畫。就漢字來看，沒有點的字，還真是少數。篆書中有不少本來沒有點的字，在後來的隸定過程中，漸漸形成了點。這種情形，多半是出現在字的「字頭」或開始與字的末幾筆，如從「宀」部的字。下列為有關字頭「點化」的情形。（表 4-3-14）

表4-3-14　點畫之例

宵	容	安	定	宋	宗
帛甲8・04	新甲3.272	包2.181	新甲3.170	包2.85	新乙2.12

（六）羨　筆

楚系手書文字常常利用羨筆進行裝飾。（表4-3-15）如「屯」、「厚」、等字的斜垂收筆，還有「不」、「新」的直筆，中間都有濃重的圓點；「民」字甚至出現左右對稱的筆畫。這種圓點或筆畫並非文字結構所不可或缺，不具有文字結構的表意功能，而是完全出於書寫效果方面的考慮，即是所謂的羨筆。

表4-3-15　羨筆形狀的差異

民						
	郭・成.1	郭・成.2	郭・成.5	郭・老甲.1	郭・老甲.4	郭・老甲.30
不						
	郭・老乙.4	郭・老乙.13	郭・六.39	郭・尊.24	郭・老甲.29	郭・老甲.29
屯						
	郭・老甲.9	郭・緇.1	郭・老甲.9			
厚						
	郭・老甲.4	郭・老甲.33	郭・成.9	郭・緇.44	郭・語1.14	郭・語1.82

新						
	郭·老甲.28	郭·五.13	郭·六.33	郭·老甲.35	郭·唐.4	郭·緇.25

　　以「不」字爲例，在《郭店楚簡·老子》（甲）第二十九簡中，末筆並沒有這樣的圓點，而是簡單俐落、一筆直下，而不影響字的構形完整。有些簡的「不」字末筆加上信筆有點，呈三角狀，而不是耐心細緻畫成的渾圓。這些都彰顯出圓點的裝飾作用。

　　這種羨筆手法在甲骨文中就已出現，金文與簡帛書也都有運用。如，屬於楚系文字範圍的吳國〈者臧鐘〉在兩筆交叉處常加以圓點。中原部分金文受南系風格影響，這方面有類似之處，如齊國〈陳純釜〉某些豎筆加有圓點《郭店楚簡》中的裝飾性圓點主要有兩種寫法：一種是在寫出纖長的線條以後，補綴圓點。另一種是在寫出半截線條以後按筆鋪毫，頓挫出點團，再提筆出鋒。與《郭店楚簡》基本同時的戰國金文也在求工的基礎上，加強字體的裝飾性，如〈少虡劍〉、〈智君子鑑〉、〈魯大司徒鋪〉、〈郘公平候鼎〉等。這一時期的書寫特色有賴於對毛筆的熟練把握和用筆的豐富變化，較爲纖細的線條與明顯的壯碩筆道結合，顯得雄偉有力、弘放恣肆，毛筆書寫的意趣展示得相當充分。

　　楚簡書法與盟書字體相近，起筆重而收筆輕。楚簡文字有一個較爲明顯的書寫特徵，就是在切鋒時易出現三角形起筆，並常形成長三棱形橫勢畫，如《郭店楚簡·老子甲》的「先」、「未」、「之」等字，這其實屬於楚人運控鋒毫過程中的自然變化，是單純的，沒有過多動作的起筆法，與斜執筆亦有關，這種用筆過程中的「提按意識」多體現在起筆及書寫的轉折處，屬於行筆中自然的輕重變化切鋒後的重按挫鋒動作或搶筆動作也是側鋒入筆後的自然轉鋒，但這些並不同於後世行筆中那種有意識的頓挫、提按法。頭重尾輕筆劃以及三角形起筆在早於楚簡的《侯馬盟書》、《溫縣盟書》中甚至更明顯，楚及東方各國俗書手寫體中這類筆觸是較爲普遍的，像《曾侯乙墓竹簡》中亦有大量三角形起筆。這種端細中粗頭重尾輕以及三角形起筆的書寫是自商周手書延續而來的一種傳統。

　　以上是楚系簡帛運筆共通的部分。如細看各簡用筆，還不盡相同。如《郭

店楚簡》的用筆峻利流暢，這是春秋戰國以來盟書、簡帛上手寫體的用筆總體趨勢。《郭店楚簡》大多尖鋒起筆，收筆出鋒，這主要是適應抄寫便捷疾速的需要，從商代甲骨文到秦代的小篆，沒有超出線條結構的範疇，只是出於方便書寫的目的，把不規則的線條結構的變得越來越規範化、整齊化。《郭店楚簡》有一些線條在書寫時，被賦予了後來定型的筆劃特徵，比如其中很多「子」字的筆順和起筆（表 4-3-16），都更接近隸變以後的字體特徵。

表 4-3-16　郭店楚簡「子」字的特徵

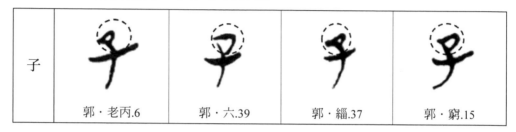

子				
	郭·老丙.6	郭·六.39	郭·緇.37	郭·窮.15

由以上的分析，吾人可以得知楚簡帛文字在筆畫上的特徵：

點線多變，特別是點線中段變化劇烈，給人以犀利奪目、恣縱張揚之感。

在粗細變化方面，有地域差別，變化明顯，時或粗，時或細，時或粗細適中。粗細的變化源於用筆的變化，有的由粗漸細，有的由細漸粗，有的線條粗細變化不明顯，偶有較粗的長方形墨塊符號。

曲直變化方面，楚簡以圓熟的弧曲線條為主，方向變化神出鬼沒，無規律性可言。也有直線者，多見於書寫規整的作品，《上博簡》《周易》（圖 4-3-1）是其典型代表楚簡中趨直線條的字，形體多趨於扁方，隸化程度較重。

在長短變化上，楚簡線條以長線條為主，偶用短線，長短結合，相間錯雜，不求一致。

此外，線條以圓為主，圓中見方。線條邊廓大多光潔，少有顫動或動宕感。楚簡線條以勁利為主，彈性十足，圓轉曲線內力彌漫，有折僅股筆意。書寫活脫靈動，少有死摳、板結的線形。線條可控性強，少見偶然效果。楚簡揮運率意，書寫性強，時見行草書筆意，給人以便捷、爽快、潦草之感。

綜觀楚簡帛文字，其用筆大多方勁而富有變化，如橫畫沉穩上挑下壓，豎畫筆立懸針，撇捺露鋒而堅挺，字形縱長，筆致跳動而有節奏，具有很爽朗遒健的書法風格。

圖 4-3-1　上海博物館藏戰國楚竹書周易

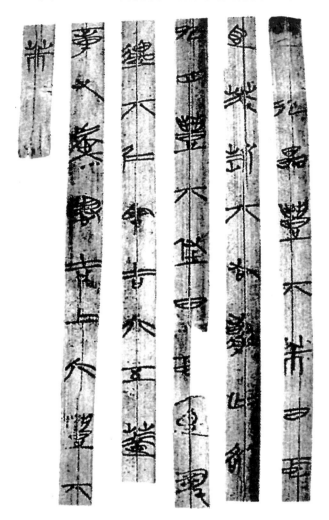

三、楚系手書文字的結體

　　自商周以來，典範的大篆力追勻整、典雅與和諧，講究對稱均衡之美。東周以來，由於地域文化趨勢而起，傳統的書刻觀念被突破。列國之中，只有秦系文字延續著商周大篆的形式，追求勻整、平衡和理性的構形，文字形體趨於正方、扁方、縱長方，字勢內斂，結構呈現為包裹式，單字外緣輪廓齊整。

　　楚簡帛文字從書體上來說，保持了大篆的基本結構，與同時期的出金文沒有體格上的差異。雖上承商周，但反叛性最強，特別是在簡帛墨跡中表現

得尤其強烈。與秦簡結字形成鮮明對照，楚簡由於弧曲線條多，構形不求點線的平行、均衡列置，而是交叉線極多。從形制上看，所寫的字都很小，但灑脫不羈的氣勢自上而下充塞字裡行間，形成了以小見大的氣勢。

　　楚系文字結字變化多端，組合隨意，字內點線呈多向放射狀，張狂、霸氣，顯得無規律可尋。與它系文字穩定、單一的形體有別，楚簡文字構形極不穩定，一字多形現象極為常見，給人以絢麗多姿之感。有的部陣和寫法奇特，也不曾在他系文字中出現。如「左」、「右」、「心」、「言」、「長」、「反」、「金」、「四」；「為」、「中」、「天」、「也」、「面」、「申」、「者」、「百」、「上」、「角」、「青」「毛」、「并」、「得」、「安」、「受」等無不自成面目而又一眼可辨。（表4-3-17）

表 4-3-17　具有特色的楚系文字

左	右	心	言	長	反
金	四	為	中	天	也
面	申	者	百	上	角
青	毛	并	得	安	受

　　楚簡單字構形變化豐富，字內空間能合理分布，鬆緊、虛實合度，有時略有誇張。字廓一般呈無規律的多邊形，字形大小則主要依筆畫多寡而自然變化。某些比較典型的部首如「口」、「日」、「目」、「酉」、「四」等，在簡書墨跡中無一不呈現為上寬下窄、上平下弧的下半圓形。

圖 4-3-2　荊門郭店楚簡‧老子甲

　　《望山楚簡》、《包山楚簡》、《仰天湖楚簡》、《曾侯乙墓簡》與《郭店楚簡》的結體類似，體勢風格相近，因為竹簡形制狹長的緣故，楚人喜好把左右結構的文書處理成縱向結構。楚簡帛文字注重橫向取勢，以求寬博。一些主筆為橫畫的字更是橫逸奮張，將整個簡面撐得滿滿的，橫畫不論長短，多兩端下彎，略帶弧形，長豎多自上而下向左略彎，由橫至豎或由豎至橫轉折，轉向處多作圓轉而少方折，組合構件時，好用筆劃搭連之法，使整體具有緊湊感。楚簡眾多，下面以《郭店楚簡》為例，探討楚簡的獨特結體：

　　《郭店楚簡》結構一般取寬博欹斜勢，重心偏下，轉向處無論順逆都作弧轉，充分利用竹簡的寬度。簡書多寬博呈扁勢，字體順應手勢的左低右高，形成了欹斜的體勢。（圖 4-3-1）

　　《郭店楚簡》繼承了篆書的基本結構，與同時期金文沒有結體上的根本差異，但簡牘上的文字已流露出了篆書向隸書變化的明顯特徵。《郭店楚簡》

的字體結構與春秋戰國之際《侯馬盟書》、戰國早期《信陽楚簡》、《仰天湖楚簡》樣，屬於比較規範的篆書，在結構上顯出與同期金文的一致性。

表 4-3-18 　結構的繁複、簡略與結體的大、小對應

罰	婦	慮	爵
郭·成.5	郭·六.34	郭·老甲.1	郭·魯.7
人	也	之	子
郭·成.6	郭·成.3	郭·尊.6	郭·成.4
之	生	亡	士
郭·老甲.16	郭·老甲.21	郭·老甲.2	郭·老乙.9

　　《郭店楚簡》在結體上基本沒有對單字進行特別誇張的特殊處理，字形輪廓以縱長居多，這固然與簡冊的縱向體勢不無關係，而更主要的原因還是在於保持篆書的自然狀態。《郭店楚簡》也沒有刻意變化字的各組成部分之間的相對位置、大小和疏密關係。筆劃的長短、傾斜角度等方面也沒有顯著的放縱或收斂的意味。書寫者充分利用各字結構差異，在看似漫不經心的嫻熟揮寫之中「極字之真態」，〔註53〕結構的繁複、簡略與結體的大、小基本對應，如「罰」、「婦」、「慮」、「簹（爵）」等字結構複雜，「人」、「也」、「子」、「之」、「其」等字結構簡單，這也導致了其結體的大小對比，使得《郭店楚簡》中的一些上下結構的字自然而然地寫出了縱長的字勢某些左右結構的字，將左右部分處理得上下錯落。總體上也呈現出縱長的體勢。而些主筆具

〔註53〕姜夔：〈續書譜〉，見《歷代書法論文選》，（上海：上海書畫出版社，1979 年），頁 383。

有明顯橫勢的獨體字，如「之」、「生」、「亡」、「士」等便自然地出現橫勢奮張之感。（表 4-3-18）

　　《郭店楚簡》在用筆上，表現爲充分運用筆勢來影響字勢、主導書風。《郭店楚簡》中，除了橫平的筆觸之外，某些分別向左右兩側斜行的對應筆道的走勢決定了字勢的橫陳。典型的如「不」字的左右兩筆本應下垂，卻作橫逸之態；「其」字下方的二劃本應向下延伸，卻作左右外移之勢。（表 4-3-19）

表 4-3-19　郭店楚簡的筆勢

不					
	郭·成.7	郭·成.8	郭·成.9	郭·成.9	
其					
	郭·老乙.13	郭·老乙.16	郭·六.7	郭·性.37	郭·老丙.2

　　《郭店楚簡》的橫筆基本上還算端正平直，這也確立了整體字形的端正。相較而言，《侯馬盟書》橫向、縱向線條都有欹側之勢，顯得活潑多姿。《信陽楚簡》比《侯馬盟書》更爲放鬆，筆劃略向右上方傾斜，字形修長，大小不等，或正或欹，流露出瀟灑跌宕的氣息。而《郭店楚簡》則顯得更爲雅正，較多保留了篆書對稱工穩的格局。

　　除了《郭店楚簡》，另外屬於戰國早期的《曾侯乙墓竹簡》，與同時期的金文有比較多的相似之處。在用筆上，雖也運用了擺動手法，時時流露出側鋒的痕跡，但鋒尖收得比較緊，不少地方仍見中鋒效果；從結體上看，字形修長，橫向筆劃多往上壓緊，騰出位置，讓縱向筆劃向下恣意伸展，所以豎筆樣式多變，或彎曲扭動，或擺動伸展，婀娜多姿，在竹簡中獨具一格。

　　由以上的分析，吾人可以得知楚簡帛文字在字勢結體上的特徵如下：

　　從字勢上看，楚簡注重橫向取勢，左低右高，且向右上欹側。一些主筆爲橫畫的字呈現爲橫逸奮張，撐滿整個簡面。橫畫不論長短，多兩端下彎，略帶弧形。長豎皆自上而下向左略彎。由橫至豎或由豎至橫的轉折，轉折處多作圓轉而少方折。組合構件時，好用筆畫搭連之法，使整字具有緊湊感。楚簡的這種字勢，與當時書手書寫時以運指爲主、自然生理因素造成的「左

低右高」字態有關。〔註 54〕這種字勢與左手執簡、右手書寫的姿勢有關,其意義在於能對平穩的篆體線條造成破壞,加快隸變進程。

從結體上看,楚簡帛書結體以縱長爲主而取縱勢,尤以長筆弧線及縱畫爲特點,因爲係多人書寫,或端莊秀麗、或勁秀挺拔。字形扁平,欹側取勢,呈現出清健婀娜的書風,與端莊凝重的秦地書風別然不同,而與後代的隸書頗爲相似。饒宗頤指出:「帛書用圓筆而不用方,以圓筆而取衡勢,體隸而筆篆也。」〔註 55〕構形圓小,結體橫扁秀峻,用筆圓渾劲挺,落筆作重注,橫畫作圓弧形,收筆多有勾連。極具隸意和楚風特色。「抄錄和作畫的人,無疑是當時民間的巫覡,字體雖是篆書,但和青銅器上的銘文字體有別,體勢略簡,形態扁平,接近於後代的隸書。它們和簡書、陶文等比較接近,是所謂民間的『俗書』。」〔註 56〕

四、不同書手所形成的書風

楚簡帛文字的結構和用筆有著一系列共同傾向,這無疑是楚人在書寫方面較爲一致的審美風尚所致。然而,這一時期的手書墨跡呈現出以下特徵:一是文字書寫轉向用筆、結體、包括偏旁部首,結構穿插的抽象化和純粹化,開始擺脫其象形意味和圖畫色彩;二是文字在自我進化過程中,出現了書寫的差別和結構的異化,出現了漢字書寫特徵的多樣化和不確定性。各種不同風格的書寫以及民間誕生的豐富多彩的書寫方式,用筆特徵、點線意識及朦朧的審美情感的萌芽於此時產生。當然相同的情形,也發生在秦系簡牘中。

如《郭店楚簡》的風格總體上是協調和諧的,而從不同篇章的書風差異,以及「也」、「不」等字的結體變化來看,應該是由多位書手所抄寫的。(表4-3-20)《老子》(甲)和〈性自命出〉代表了《郭店楚簡》的兩種風格典型。《老子》(甲)結體端正穩實,筆道直展;用筆以中鋒爲主,從容穩健,收筆出鋒,乾脆俐落。〈性自命出〉略顯草率,多有淺露飄縱之筆,筆道多曲,對應的兩個縱向筆觸採用相向環抱的弧形;收筆處提筆幅度較大,呈鉤狀,有連筆意味,狀若蠍尾。這種差異在「也」字的寫法上體現得最爲充分。

〔註54〕沃興華:〈早期草體書法史略〉,載《中國書法全集 5──秦漢簡牘帛書一》,(北京:榮寶齋出版社,1997 年版),頁 42。
〔註55〕饒宗頤、曾憲通:《楚帛書》,(香港:中華書局,1985 年 9 月),頁 150。
〔註56〕郭沫若:〈古代文字之辯證發展〉,《考古》,1972 年第 3 期,頁 8。

表 4-3-20　楚簡中不同書手的呈現

也	郭·老甲.4	郭·老甲.16	郭·老甲.16	郭·性.2	郭·性.13	郭·性.59
而	郭·老甲.4	郭·老甲.7	郭·老甲.31	郭·性.1	郭·性.17	郭·性.27

　　又如《上博簡》，其文字出自不同的書手，風格各異。其中〈競建內之〉全用側鋒鋪毫，行筆雖呈現重落輕收跡象，但筆道短促，平直而缺乏變化，粗細之間並不講究自然過渡，下筆較重，橫向筆劃較粗，縱向較細，與《曾侯乙墓竹簡》形成強烈的對比。而〈姑成家父〉的特點則介於《曾侯乙墓竹簡》和〈競建內之〉之間，用筆以側鋒為主，多重落輕收，字形較為方正，筆道雖圓轉弧曲，但不如《曾侯乙墓竹簡》擺動幅度大，卻又較〈競建內之〉多了許多輕重對比及資致神態的變化。其它如《周易》筆尖特緊，線條特細，筆道平直，字形方正、規矩；〈民之父母〉、〈弟子問〉筆劃橫粗豎細，用筆重落輕收比較突出，字形方中偏長；〈鮑叔牙與隰朋之諫〉用筆與《楚帛書》相近而字形較長；〈三德〉行筆放縱，結字靈動，顯得豪邁奔放。

　　《楚帛書》出鋒峻銳，運筆流暢，幾乎所有筆劃都是拱曲的弧形，布白勻稱，疏落有致，落落大方，風格精緻譎麗，有安詳神秘之感。

　　楚簡帛書上未留下任何書手姓名。從書寫水準上看，其中不乏高手，在寫法、結構、用筆諸方面既別樹一幟，又蘊含著高超的技藝。在「抄書」的過程中，他們對當時尚處於不斷演變中的漢字字形的駕馭雖然還未達到隨心所欲的程度，但書寫時意興風發，能將各自的審美個性流露於筆端。這主要表現為率意而為、自然流美、毫無矯揉造作之氣，從而鑄就了簡帛書以生制熟、自然天真的藝術風格。這是唐人寫經所呈現出的那種一味爛熟，而導致的用筆的單調雷同所不能比擬的。

　　總體來說，楚系簡帛墨跡書風，按其體勢可分為兩類：

　　第一類，書體通體縱勢，其橫筆中間略作弧形，收筆或自然露鋒，或勁利回鉤。縱筆裹鋒稍斜出，末端露鋒。斜筆頂端多呈楔形三角狀，似「釘頭鼠尾」，與侯馬盟書有異曲同工之妙，《信陽楚簡·遣策》可稱為一件縱勢楚

書佳作。其字略呈長方形，靜穆工穩，但絕無可露之意。《仰天湖簡》縱勢、橫勢兼具，可視爲由縱勢向橫勢過渡的作品，是結構欹側飄展的「動感類」，也可以稱之俗書草體。

　　第二類，或整飭典雅，如《信陽楚簡》；或疏朗自然，如〈望山一號簡〉；或平穩緊湊，如〈望山二號簡〉；或精巧玲瓏，如《天星觀簡》。《包山楚簡》至少爲四人所書：〈文書〉之秀逸，〈卜筮〉之跳脫，〈遣策〉之橫肆，〈木牘〉之盤旋，可謂各臻其妙境。長達九百餘字的《楚帛書》，字字珠璣，無一敗筆。從總體看，帛書行款整齊勻稱，然整中寓散，時見參差疏落之趣。在放大 3.3 倍的紅外線照片中偶見瀦墨、枯墨之跡。《楚帛書》與《信陽楚簡》、《包山楚簡·文書》、《天星觀楚簡》風格最近。其橫筆先向下微頓，然後向右作弧形，收筆順勢下垂，輕重徐疾，婉勁自如。綜觀這一時期的墨書多有一共同的特點，即橫筆中凸，豎筆微曲，撇筆輕疾，弧筆回抱，兼以扁平的結構，暗潛一派珠圓玉潤，含蓄不露的氣韻，是結構均衡內斂的「靜態類」，也可以稱之俗書正體。

　　總之，楚簡書風楚簡文字多扁平，筆劃呈兩頭尖中間粗的形態。其線條經過提煉、簡化，形成楚人特有的詭秘清奇的書風。楚簡帛是目前研究古手書墨跡第一手的珍貴資料。作爲上古的書寫現象，它的發生、發展自有其自身的特殊形態和規律。

五、楚系簡帛文字的布局

　　楚簡帛書法結體和書寫上的這種灑脫和率意趣味，與當時的簡帛體制、書手的個人修養和意興密切相關。楚簡製作與應用有著明確的規定，其長度和形制與文字內容一一對應，遣策往往「以主之尊卑爲策之大小」，文書簡則以「事之輕重爲冊之大小」，書籍簡「以策之大小爲書之尊卑」，而律令簡則按頒佈者的級別確定，有三尺長的，也有一般簡冊大小相類的。〔註 57〕《郭店楚簡》抄錄的是包括了先秦道家、儒家學派在內的十多種典籍，書風雅正謹嚴，堪爲楚人「寫經」。楚簡長度對於書法的影響，主要體現在行款方面的對比與變化上。《郭店楚簡》行款多寬綽疏朗，而《包山楚簡》有的甚爲緻密，一簡之上多達 92 字。相比而言，帛書以毛筆書寫於繒帛之上，繒帛的面積比玉、石片更寬，篇幅較長，通篇行列分明。

〔註57〕 胡平生：〈簡牘制度新探〉，《文物》2000 年第 3 期，頁 66～73。

　　簡帛書春秋戰國時期，政治混亂，戰事頻繁。時代的「禮崩樂壞」反映在文化上，一方面，「官學散於民間，『士』階層人數驟增，私學盛行一時，出現了歷史上著名的『百家爭鳴』局面，文化典籍也不再被周王室所壟斷，文字的應用場合、應用群體較以前都大大增加了。」﹝註58﹞另一方面，周天子的影響力較春秋時更加式微，諸侯紛爭割據，自我意識漸強，致使各地交通受到阻隔，也漸漸發展出不同的文化。這也使得文字的使用情況變得混亂複雜，從而出現了地域性民間使用的俗體文字，導致文字書寫的布局也各具特色。

　　楚簡順簡形走勢，自上而下順勢書寫，字與字之間的空間分布有疏有密，疏者間一兩字，甚至三字距離，密者則字字相接，首尾連綴，連綿相屬。如此分布，法無定法，多依書寫內容、性質和書手的意興而定。性質莊重者，書寫規整，字距也疏朗；性質便捷者，書寫率意，字距緊湊。

　　由於竹簡窄小細長，橫向的空間極為有限，多數楚簡在書寫時都撐滿了簡面，單字務求修短舒張之變化。簡與簡編連成冊時，通篇看上去，縱成行，橫無列，縱者軸線居中，軸線多依字形字勢的變化而變化；橫向效果則錯落有致，字之橫勢、字距大於行距，使橫向關係變得豐富。其章法具有天成偶得之雅趣，違而不犯，和而不同，幹枝扶疏，花葉鮮茂。正所謂規矩諳於胸襟，運用臻乎精熟，容與徘徊，翰逸神飛。

　　楚簡節奏感較強，多通過用筆動作的變化、行筆速度的變化、線條粗細的變化、字形大小的變化、字距的變化以及偶爾出現的長方形墨塊符號來表現。

　　楚簡氣韻清雅。字內空間的勻稱，字間距的疏放、筆勢和字勢的配合呼應，章法的橫向取向與錯雜，令整體氣息暢達。故楚簡灑脫流美，恣肆奔放，爽利勁健，疏長妍妙。

﹝註58﹞歐陽中石等：《書法與中國文化》，（北京：人民出版社，2000 年 5 月），頁 5。

第五章 晉系盟書的書寫

晉系文字的內容十分廣泛，不僅包括了韓、趙、魏三國，甚至中山國、東周、西周、鄭國、衛國等小國都屬這一系。即使如此，目前晉系文字出土的手書文字最大宗就是盟書，所本章所討論的僅有盟書。

本章談晉系盟書的書寫，先從幾件重要的晉系青銅器說起，以探究晉文字的起源，以明晉系手書文字的書風；其次，談現今晉系盟書出土的現況；最後，以《侯馬盟書》為例，討論晉手書文字在書寫上的現象。

第一節 晉系手書文字的沿革

比起楚系與秦系文字有大批的簡牘出土，晉系文字還沒有發現竹簡的痕跡。然而，晉系文字卻有為數不少的石器手書文字出土，那就是「盟書」。

本節先以幾件晉系的青銅器開始討論，再來說明晉系官文正書，與手書墨跡之間的差異。

一、晉系的正體金文

晉系的官文正體，還是以金文為最具代表。在眾多的晉系青銅器中，筆者以〈晉公盨〉、〈智君子鑑〉與〈𪿈羌鐘〉等，依序屬不同時期的青銅器，來觀察文字的風格走向。

（一）晉公盨

〈晉公盨〉，是一件非常著名的青銅器，原稱〈周敦〉，其實為盆，自名為盨，故稱為〈晉公盨〉（見圖 5-1-1）。此後的主要金文著錄書均有收錄，歷經郭沫若、楊樹達、唐蘭、李學勤、謝明文等學者研究，有許多精闢的見

解。但由於該盤有兩處老補丁，許多關鍵字殘泐不清，致使各家說法不一，特別是作器者為誰，至今沒有讓人信服的結論。但時代屬春秋中期，應該是合理的。

〈晉公盤〉銘文 24 行，存 145 字，殘泐近 30 字。然其文字與〈晉公盤〉（圖 2-5-6）基本相同，兩者缺字幸好錯位，可互相校補，使許多關鍵問題得以解決。〔註 1〕銘文前半字小，較為典雅；後半字大，顯得豪放。通篇行距不寬，對比於字距顯出字距較大。由於前後大小不一，加上文字尚未方整化。此器銘文就顯得自然不造作，頗符合歷代書家書寫的常態。

圖 5-1-1 晉公盤

（二）智君子鑒

相較於〈晉公盤〉，〈智君子鑒〉的字形相對就規整多了。〈智君子鑒〉時代當屬春秋晚期，此鑒有二器，皆為 6 字，就其字形及結構特徵，當屬同一人所書（見圖 5-1-2）。銘文的字形大小較為一致，寫法也較工整。因此可以合理的推測，從〈晉公盤〉到〈智子鑒〉之間，字形已有很大的轉變。

（三）鷹羌鐘

〈鷹羌鐘〉約在西元 1928 至 1931 年左右出土（見圖 5-1-3），計有編鐘 14 枚，其中九枚較小，僅銘「鷹氏之鐘」四字；另五枚較大，銘文計 61 字。觀鐘銘字有界格，且隨鐘的形狀，略呈上窄下寬的布局，書手在書寫前可想知，當是費了一番心思的。因此，字形是屬於端整一類的風格。

〔註 1〕 吳鎮烽：〈晉公盤與晉公盤銘文對讀〉，《復旦大學出土文獻與古文字研究中心》網站，2014 年 6 月 22 日。http://www.gwz.fudan.edu.cn/Web/Show/2297

圖 5-1-2 智君子鑒

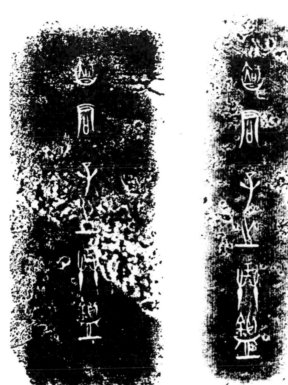

圖 5-1-3 䲶羌鐘

二、晉系的手書文字

《侯馬盟書》、《溫縣盟書》同爲春秋末年晉國的盟書，作爲毛筆書寫的實物，晉國盟書與此前商周時期存世的少量的墨朱書遙遙相望，稍後有戰國時楚國的簡帛書、秦國的簡書與之呼應。晉系的手書文字，具有以下幾點特徵：

（一）明顯的蝌蚪形狀

春秋戰國時六國的篆書手寫體，舊稱「古文」，或「蝌蚪文」。侯馬、溫縣兩地出土的盟書，自是典型的「古文」，具有篆書手寫體的共同特徵，如用筆快捷，起收露鋒，線條頭粗尾細，圓曲搖曳，狀似蝌蚪。

盟書的書寫出於眾手，且純爲實用，類同抄書，但求方便快捷而不計工拙，其佈局疏朗，行式清晰，點畫分明，結構緊湊，字形縱方不一，各盡其勢；用筆恣肆率意，富於變化，飄逸而不失沉著，婀娜中透著剛健。不難看出書寫時的從容自信。其中「蝌蚪」線條的特徵尤爲鮮明。另有個別筆劃收筆回捲，如「 （179:1）」、「 （179:1）」。這是由於筆鋒快速彈出後又下意識地快速回收、準備寫下一筆而自然帶出的。這種回收帶有圓鉤的寫法，在一些運筆更爲迅疾、筆勢更爲連貫，字跡更加草率的，而在後來的楚帛書和某些楚簡中依然可見其熟悉的身影。

盟書中如其、君、時、事、明（盟）、我、顯等字和《說文》所錄「古文」相同，也有少數字和《說文》所引籀文相近。而《說文結字》與魏《三體石經》殘石上的「古文」書體，比起盟書的字體來，盟書上所寫的字，筆劃的彈性都很自然，並不是每一筆一定是頭尾尖、腹部肥的；石經上的「古文」，筆劃的彈力表現得呆板一律，都是頭尾尖細而腹部肥大。（見圖 5-1-4）

推其原因，應該是春秋、戰國時盟書上的文字還側重實用，正從稚拙階段漸趨完美；石經出現在三國之後的魏，當時的朝廷把儒家經典刻在石上，有「標準教科書」的作用，書寫石經碑文，記事保存了盟書的篆書手寫體的用筆，但用途不同，要求有嚴整的風格和藝術效果，於是便寫的更爲整齊一律。

圖 5-1-4　盟書與石經古文風格的比較

侯馬盟書　　　　　　　　　　溫縣盟書

三體石經古文

（二）快捷的東周 手寫體

盟書是「古文」也是「草篆」，類似的草篆還見於當時的刻款金文。就總

體樣式、風格而言,晉系盟書是商周手寫體的自然延續,而書寫更為快捷實用,筆法更突出,同時清楚地揭示了西周以來篆體的筆順、筆劃連結方式。盟書以潦草簡率的形式塑造了古文書法之美,對字形的改造遠比商周時期普遍而深刻。古文和草體刻款金文的出現,伴隨著大量的書寫性簡化和異體氾濫,對西周以來的正統大篆形成了破壞性的衝擊,而這種在春秋以後禮樂崩壞,社會動盪、區域文化各行其是的背景下產生的用字現象,卻成就了書法藝術的百花齊放。

《侯馬盟書》的書體雖為大篆,但當時各國的文字沒有統一,就是一國文字也未規範化,所以一個字的寫法頗不一致,有時一個字的變體可達百種以上。筆法一般下筆粗重,收筆尖細,形成鼠尾。這種筆法的形成應是當時毛筆鋒穎較短,書寫時又較隨便,未作藝術加工所致。由於這批墨跡數量眾多,書寫水平高下不一,當非一人所寫。其中的高手書寫熟練,對毛筆駕馭自如,書法優美自然,且多靈動之氣。盟書出自不同書手,假如細分,還可以找出若干個性差異。

(三)文字多形、用筆靈活、結字活潑

盟書上的文字,雖同屬晉國某一時期所書,但形體結構並不完全一致,僅「其」字就至少有四種寫法(見表 5-1-1)。盟書在用筆和結字方面特點明顯。

表 5-1-1　晉系盟書不同書手差異,以「其」字為例

1:1	16:35	198:16	194:5
3:13	200:12	181:1	1:30
156:16			1:47

　　在用筆上，由於玉石片比竹簡摩擦要大，著力一般比較沉實，雖然輕重、頓曳之勢分明，落筆重而收筆輕，側鋒入筆而具扁方之勢，但收筆處出鋒往往尖而不偏，線條仍多圓轉豐滿，不少地方還是留有中鋒效果。

　　結字方面，由於玉、石片面積較竹簡寬，行與行之間有較大的伸縮餘地，所以結體雖緊密，而字形大小、疏密、斜正每多變化，總體看去，活潑靈動，爽朗自然。《侯馬盟書》的文字類屬，應為篆書。這種書體反映出文字變革和交替時期的混合現象，絕大部分尚用春秋戰國時代的晉國古文，同時也有一定數量的籀文出現，盟書的佈局雖然保留著早期記文整齊勻稱的特點，但字裡行間頗流露出手寫文字輕鬆自由的意味。從結體上說，字形的大小、長短、寬窄、肥瘦也不劃一，筆劃的粗細變化錯落，結字不尚工整，在稚拙中給人以天真可喜之感尤為值得注意的，是反映在用筆上的意識，輕重推移，已能體現軟筆之秒，而且起筆遲重，收勢利落，控縱自如，可知晉國的書寫水準已達到相當成熟的境地。

　　從中可以看出晉系盟書能夠反映東周中原地區日常手寫體面貌：其線條以曲勢為主，較多為釘頭鼠尾的筆觸而常呈弧曲狀，字形結構多姿多彩，字外輪廓多種多樣。

第二節　晉系盟書的出土概況

　　除了甲骨文金文，還有一種以玉、石為載體的文字，可稱為「石器文字」。〔註2〕現存年代最早的石器墨書文字，是西元 1977 年在甘肅慶陽野林出土的一柄商代玉戈。至於西周、戰國的石器文字，雖有零星出土，但數量和字數均不多。石器文字的出土，一次是少量發現於 1930 年、1935 年及 1942 年前後的河南省溫縣武德鎮一帶，稱之為《沁陽玉簡》。另一次是 1965 年發現的山西《侯馬盟書》。第三次是與《沁陽玉簡》同一地點，但時間推遲至 1980～1982 年間，再次發掘的石器文字，稱為《溫縣盟書》。

　　盟書，在文獻中常被稱為「載書」，是春秋戰國時期諸侯或卿大夫為了鞏固團結、打擊共同敵人而舉行「盟誓」活動的產物。據《周禮・司盟》等記

〔註 2〕何琳儀說：「大量的《侯馬盟書》、《溫縣盟書》都是直接用筆書寫在玉片和石
　　　　片上的文字，它們與石鼓之類的石刻文字都應統稱為『石器文字』。」見何琳
　　　　儀：《戰國文字通論》（訂補），（南京：江蘇教育出版社，2003 年 1 月），頁
　　　　27。

載，當時的「盟誓」都是一式兩份，一份藏在長官盟書的專門機構盟府，作爲檔案保存，另一份則埋入地下或沉之河中，用以敬告神靈。春秋時「盟誓」極爲盛行，是當時國家、個人之間相互約束對方的一種鑒之神靈的重要的契約形式。而《侯馬盟書》、《溫縣盟書》正是這種情況的一個有力證明。

盟書形狀大部分是圭形，其餘爲璜及珩。圭形大多上尖下方，有的薄如紙片。盟誓的主要內容是加強宗族內部的團結，反對兼併別人的土地和奴隸。

一、沁陽玉簡〔註3〕

河南沁陽地區先後出土兩批戰國盟書，第一批出土是在在西元 1930 年、1935 年及 1942 年前後，在現在的河南溫縣武德鎮西張計村。西張計爲古代盟誓遺址，因修築公路偶然發現了幾十片圭形玉石，當時便分散流失，幸有十一件交徐旭生，今收藏在中國社會科學院考古研究所。這些圭形玉石爲春秋晚期晉國卿大夫之間舉行盟誓時記載誓辭的文書，其上皆爲墨書文字。其中八片書寫的字跡較爲清晰，其中三件無字跡，曾由陳夢家在他的〈東周盟誓與出土載書〉〔註4〕一文中作爲附錄發表。由於出土地舊屬沁陽縣，曾被稱爲《沁陽玉簡》或《沁陽載書》。

1955 年董作賓發表了摹本〔註5〕，1966 年陳夢家也發表摹本和照片，並引述了王獻唐 1950 年的〈沁水晚周石墨釋記〉。〔註6〕

二、侯馬盟書

《侯馬盟書》在西元 1965 年出土於晉故地，是書寫在上的玉片文字，連同斷、殘碎片以及模糊不清或無字跡者在內，共有 5000 多片盟書。可辨識的約有 600 餘件，此外還有更多的石片文字。用於書寫盟辭的玉、石片，完整者以圭形爲主，其餘多爲製作玉、石器的剩餘材料。

盟辭的內容各有不同，盟辭的內容各有不同，篇幅長短不一，最少的僅有十餘字，最多的達 220 餘字。盟書大小也各不相同，圭形者最大的長 32 釐米。寬 3.8 釐米，厚 0.9 釐米，小的長約 18 釐米。玉石片大小不一，字數有

〔註3〕《沁陽玉簡》由於數量過少，而地理位置與後來的《溫縣盟書》十分接近，故而有不少學者把《沁陽玉簡》併入《溫縣盟書》討論。然筆者以爲二者出土時間相差近四十年，還是將二者分別討論爲宜。

〔註4〕陳夢家：〈東周盟誓與出土載書〉，《考古》第 5 期，1966 年，頁 279。

〔註5〕董作賓：〈沁陽玉簡〉，《大陸雜誌》第 10 卷第 4 期，1955 年 2 月，頁 31。

〔註6〕陳夢家：〈東周盟誓與出土載書〉，《考古》第 5 期，1966 年，頁 279。

多有少篇幅長短不一，最少的僅有十餘字，多者達 200 字左右，少則 10 餘字。盟辭字跡多爲朱紅色；少數爲黑墨色。

《侯馬盟書》是春秋晚期晉國的官方文書，用毛筆以朱色、也有少數是墨色書寫在玉石片上。

關於書寫的年代，有陳夢家認爲是春秋晚期，伊藤道治認爲是西元前 496年，郭沫若認爲的西元前 386 年等諸說。書體屬於所謂六國古文，在結構上保持圓轉的趣味，書法風格因不同的書寫者而有謹嚴、纖細、灑脫等不同的特徵，與每字的劃數多少相應，字形也有大小的變化。但總體說來，起筆的時候落筆都很重而堅定，然後迅速行筆，是寫得很快的速書體。

《侯馬盟書》是目前所見到的最早的書寫較爲優美且具有藝術價值的墨跡，爲研究先秦書法史提供了珍貴的資料（圖 5-2-1）。〔註7〕《侯馬盟書》的線條，一端粗一端細，有「蝌蚪」之形。西漢時，魯恭王壞孔子宅，發現了大量的古手抄書跡，被稱爲「古文」，由於其文字形似蝌蚪，也被稱爲「蝌蚪文」，而《侯馬盟書》與蝌蚪古文在書寫風格上較爲相類。

《侯馬盟書》的出土，引起學術界極大的轟動，因出土文物中的青銅器銘文，從西元前 6 世紀以來的，尤其是長篇的已相當少見。簡冊文字因易於保存在南方有一些發現。中原地區自西晉以來發現的，僅僅有河南汲縣魏襄王墓中出土竹簡，並由此整理出《古本竹書紀年》和《穆天子傳》等。而東周時代的文字過去主要是散見於銅器、陶器、貨幣、璽印以及竹簡、帛書等，像《侯馬盟書》這樣集中的大批玉石文書尚屬首次發現，爲研究我國古文字的發展歷程及先秦書法的手寫體樣式增添了新的材料。盟書用毛筆書寫，書法熟練，當時出自掌管禮儀和典籍的「祝」、「史」一類的神職文化人員之手。而盟書的文字有些仍保持著殷商西周文字的傳統形態，多數則已發生明顯變化，出現了各種形態的異體以養言行字，別具風格。所以《侯馬盟書》以見諸文字的實物形式發現，就顯得彌足珍貴。

盟書落筆重而收筆輕，體勢稍縱，側鋒起筆，筆鋒清麗。書體介於金文小篆之間，佈局平實嚴整，縱橫有序，大小勻稱，體形多樣，書風犀利簡率，結體生動自然，舒展而有韻律。用筆頓挫提按，富於變化，通篇渾厚蒼秀，神完氣足。與同時金文相比，連筆意識明顯，筆劃相互映帶，反映了篆書書寫速度的加快，被視爲這一時期「草篆」代表之作。從書寫的形體來看，頭

〔註 7〕見陳夢家：〈東周盟誓與出土載書〉，《考古》1966 年第 5 期，頁 274。

重尾輕，頭粗尾細，通過筆鋒的上下左右擺動，以加快書寫的速度。這種筆法和線條，有別於甲骨文和青銅銘文的風格，是當時東方各國比較流行的一種風格。

圖 5-2-1　侯馬盟書摹本

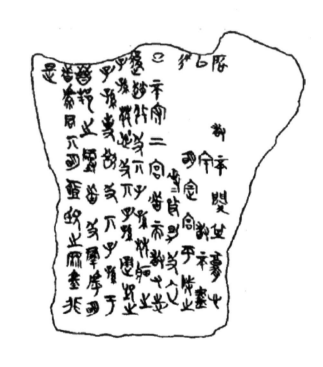

摹本第 1 號　　　　　　　　　　　　摹本第 21 號

　　眾所周知，我們目前所見到的最早的成體系的文字是商代的甲骨文。而降，漢字的衍化並無質的變化而始終一脈相承，具體言之，任何時期的文字，既有與前時代的因緣關係，同時又各具自身的體例及時代特徵，《盟書》文字自不例外。盟書體態渾圓，行筆婉轉，未脫篆籀之風；盟書文字的用筆之法，或重按疾行，呈「釘頭鼠尾」狀；或首尾出鋒而略肥其中，呈窄葉形運行流暢，極其熟練。結體自相蔽護，取包圍之勢，故體態渾圓，未脫篆籀之風。

　　《侯馬盟書》的發現，填補了中國文字學、書法史上一個空白。盟書文字形體多樣，結構嚴謹，用筆富於提按和變化，筆致舒展而有韻律它是當時用筆書寫文字的完整篇章，為目前所見較完整的朱墨文字真跡。較為準確的

摹本後由張頷刊佈 1979 年。〔註8〕

三、溫縣盟書

　　河南省溫縣武德鎮村民再次發現寫有墨書文字的圭形石片，故於西元1980～1982 年間，由河南省博物館所屬的河南省文物工作隊對盟址遺址進行了發掘，出土石圭、石簡、石璋 10000 餘件。其中 1 號坎（坑）出土盟書 4588片，包括科學發掘獲得的 2703 片，已被擾動而仍在原地的 1395 片，自村民手中徵集的 490 片。一號坎（坑）石圭大致可分爲短體弧腰，長體直腰和等腰三角形三種類型，石圭呈薄片狀，質地爲淺變質岩中的千枚岩，最大的圭形片長 27.1 厘米，底殘寬 3.2 厘米；最短的長 9.6 厘米，底寬 3.7 厘米。石簡呈細長薄片狀，質地較石圭細緻、堅硬，近似軟玉。這是沁陽地區出土的第二批戰國盟書。由於上世紀 30 年代起，河南北部沁陽一帶多次出土墨書盟辭的圭形石片，流傳於世。這次相隔 40 餘年，因出土地溫縣舊屬沁陽縣，爲區別起見，故學術界稱此次出土的爲《溫縣盟書》。

　　盟書文字用毛筆墨寫，字體風格迥異，系出自多人手筆。1 號坎（坑）盟書的誓辭內容是：一定要「忠心事主」，決不「與賊爲徒」，否則將受到晉國先公在天之靈最嚴厲的懲罰，夷滅氏族，絕子絕孫。

　　該地春秋時期爲「州邑」。趙、魏、韓三家勢力發展後，「州邑」主要屬於韓氏領有。因此，發掘者認爲，《溫縣盟書》的主盟人應爲韓氏宗主。盟書中有「十五年十二月乙未朔辛酉」的紀年，初步研究推定爲春秋末晉定公十五年十二月二十七日，即西元前 497 年 1 月 16 日。當時的韓氏宗主是韓簡子，但也有人認爲這批盟書是戰國初期的。

　　《溫縣盟書》的內容與《侯馬盟書》相似，文字多爲墨書，風格草率而奔放，數量是《侯馬盟書》的一倍以上，待全部資料整理發表後，對占代盟誓制度及晉國歷史的研究，又可推進一大步。

　　《溫縣盟書》〔註9〕則是自《侯馬盟書》發現後的又一次重大收穫，其數量遠遠超過了《侯馬盟書》。以毛筆墨書，書體、書風雖與《侯馬盟書》基本相同，但字體大小差別較大，有些極小的字用筆非常快捷，筆致也很鋒

〔註8〕張頷：〈侯馬盟書叢考續〉，《古文字研究》第一輯，（北京：中華書局，1979年），頁 78～102。

〔註9〕陳夢家：〈東周盟誓與出土載書〉，《考古》1966 年第 5 期，頁 280。

利。《溫縣盟書》風同殷周的朱墨書跡較爲相似，像探方 1 第 1 號坎出土的盟書普遍較工整，線條細而淩厲，誇張重點由從前的線段中部轉至筆劃起點，部分筆劃還作傳統的填實、團塊處理。（圖 5-2-2）

圖 5-2-2　沁陽載書摹本

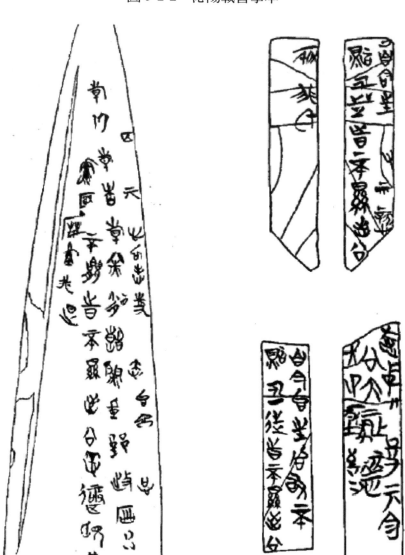

比如 WT1K1：3417「十」、「晉」字，此外的大部分皆屬於比較草率的書寫。盟書由於系當年的手寫文字，所以隨意性強，文字多異體，一字可有十

餘種寫法，書風多種多樣。結體呈釘頭鼠尾狀，落筆重，提筆輕，末筆多傾斜變曲，書風或率樸恣肆，或整飭肅穆或瘦勁或粗獷，《溫縣盟書》與《侯馬盟書》相類似，皆充分地顯示了春秋晚期晉系書法的特徵。

第三節　晉系書風分析

　　盟書書寫上所表現出來的粗細變化，也許是當時工具上的限制，許多玉片的表面並不平整，甚至帶有種種小弧形，書寫時不像在平整的紙面那般容易。又加上要將文字書寫在玉簡上，故所使用的朱砂和玄墨，必與書寫在簡牘上不同。其質地勢必粘稠而密膩，才不易脫落。但朱墨其黏著力強，卻也造就書寫時的特殊現象，也就是大都頭部粗重尾部細尖。線條頭部由於毛筆剛蘸顏料易呈濃厚狀故粗，尾部因顏料將盡又難盡全力故細，由是，這種頭粗尾細，頭重尾輕雖然也呈現出一定的線形變化提按之美。要知它卻是受到工具限制，並非是出於純粹藝術需要，而是書寫時的一種迫不得已。但即使這樣晉系盟書的線條變化仍然體現出一定的魅力。它的規律性表達出較為明顯的節奏美感，每一線條的呈現即是一個節奏型的呈現，至於其間稍微板滯之態，想來也是在所難免。

　　本節擬先從盟書的筆畫，歸納出盟書用筆的特徵；再表列重要的文字部件，將盟書與古隸作一比較，呈現出盟書已具隸變雛形；最後說明盟書在書法史上的地位。

一、晉系手書文字的用筆

　　盟書重在實用，形質簡化，是古文字仿形之書寫中最為簡便的式樣，字形因書寫的潦草簡率而多變化、即缺乏規範性，因此其本質特徵主要應從筆法的線條上來考察。

　　以書寫之總體風格觀之，盟書乃商周手寫體之自然延續，元趙孟頫在《蘭亭十三跋》中說：

　　　　書法以用筆為上，而結字亦須用工，蓋結字因時相傳，用筆千
　　古不易。〔註10〕

─────────────

〔註10〕崔爾平選編：《歷代書法論文選》，（上海：上海書畫出版社，2007年2月），
　　　　頁179。

　　趙氏在此段文字中深刻提示了用筆在書法藝術中的重要性。討論用筆，主要還是討論「筆法」。用筆是一個複雜而系統的過程，當然，2500 年前的盟書，書手已不可考；但每片玉石上所書之文字書法風格，卻是迥異不同的。此乃每個書手書寫習慣及用筆之特色。

　　（一）橫　畫

　　漢字書法之發生，始於點畫，而橫畫乃漢字最基本之構成元素，盟書中之橫畫於起、行、收筆中，富於變化，大約有以下九種：

　　1. 重按快提、收筆弧曲。

表 5-3-1　橫畫一例字

不	其	二	而
179:1	179:1	179:1	198:4

　　橫畫起筆均爲重按快提，收筆尖銳向右下方呈弧曲狀，略具鉤連筆意，可看出和下一筆有筆意上的連貫。例字中的「不」、「其」、「二」字，屬於同一件，其橫畫的寫法已相當固定；而「而」字的橫畫雖屬同類的橫畫，但筆勢明顯與前者不同。

　　2. 裹鋒而起、圓潤收筆。

表 5-3-2　橫畫二例字

其	其	政	二
198:4	179:1	156:19	1:30

　　如「其」、「政」、「二」等字的第一筆。此類橫畫同是逆鋒起筆，屬藏鋒。相對前一類橫畫筆鋒微露，旋轉力道自然有別。運筆則爲漸進溫和，圓潤收筆。

3. 圓轉用筆、弧突而終。

表 5-3-3　橫畫三例字

其	其	亟	不
185:3	185:3	185:3	198:4

例字「其」、「亟」、「不」字的第一筆，橫畫逆鋒圓轉起筆，中段提筆，略為弧曲，尾端稍壓，平穩收筆。與前一類的橫畫整畫筆直運筆，明顯不同。

4. 逆筆直切、尖銳收鋒。

表 5-3-4　橫畫四例字

其	鼓	而	其
179:3	1:52	1:52	3:17

此類橫畫方折起筆，逆鋒直切，刀味十足。此種橫畫，乃側鋒用筆，起、行、收筆速度均快，收筆自然呈尖銳狀，充分發揮了毛筆優良之彈性。此類橫畫，與後世之北碑之橫畫，屬於同一類形的線條。

5. 順勢起筆、細尖出鋒。

表 5-3-5　橫畫五例字

或	不
1:82	179:3

此類橫畫乃順勢起筆，寫法類似唐代之楷書，略呈 45 度角；行筆輕提，細尖出鋒收筆，展現了一波三折之用筆技巧。以時代而言，不應出現這類的筆畫，所以筆者以為，這是書手在書寫時，一種率意的表現。

　　6. 尖頭尾細、豐中銳末。

表 5-3-6　橫畫六例字

復	巫	之
85:17	156:19	3:17

　　這一類的橫畫，尖鋒入紙中段重按，提筆出鋒呈豐中銳末之狀。如「復」字的右上一筆、「巫」字的第一筆、「之」字的末筆。在運筆上屬中鋒運筆，這類的橫畫，應該是戰國文字中的主流

　　7. 橫畫收筆回鋒具鉤意

表 5-3-7　橫畫七例字

平	其	而
1:52	92:20	198:4

　　例如「平」字，上橫畫尖鋒起筆，中段略按，收筆向右下回勾，成接筆之勢，屬於上一種橫畫的變形。相對下橫畫的寫法就有所不同，逆鋒起筆，平直快速，俐落勁挺，於橫畫尾部上端收筆，具逆入平出之勢，有隸書蠶頭燕尾之姿。上下二橫，屬不同類型，極具變化。而「其」字、「而」字的第一畫，也如同「平」字第一畫的寫法。

8. 重按快提、輕尖收筆。

表 5-3-8 橫畫八例字

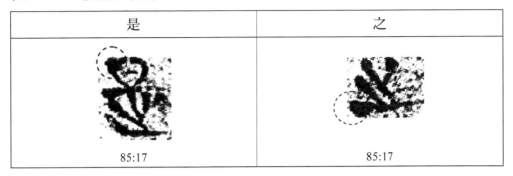

是	之
85:17	85:17

此類橫畫重按起筆，行筆快捷，尖鋒收筆。如「是」字的中間橫畫、「之」字的末筆。這類橫畫的出現，與筆畫中後段運筆過快有關。這在書法上，稱之為「牛頭」、「鼠尾」，是一種筆病。依筆者的書寫經驗推測，此書手所持的筆，恐已掉毛過多。

9. 中鋒起筆、漸提收尖。

表 5-3-9 橫畫九例字

亟	疣	而
1:30	179:1	179:3

「亟」字上下橫畫皆中鋒起筆，行筆則略向右上，尖鋒收筆，但起、行筆均以中鋒行之，運筆速度較慢。另外「疣」字的橫畫、「而」字的第二畫，都是屬於此類。

（二）豎　畫

盟書中的豎畫，計有三種用筆方式：一為側鋒斜起、一為輕滑起筆、一為逆筆藏鋒。偶有豎畫略呈弧形，左右擺動。這種豎正在楚系簡帛書中，亦屬常見。

1. 側鋒斜起，漸提漸收

表 5-3-10　豎畫一例字

林	趙
179:1	92:20

　　例字的豎畫均為側鋒起筆，所不同者角度而已，行筆較快，提按變化不大，尖鋒收筆。「林」字的兩個豎畫，角度明顯不同；「趙」字右邊的部件「肖」，中間的豎畫，為方筆切下。

2. 輕滑起筆，細尖收筆

表 5-3-11　豎畫二例字

復	德	改	之
85:17	98:6	1:82	185:3

　　例字中的豎畫，都有相當的弧度。這類的豎畫，起筆方式皆以尖鋒輕滑起筆，中段行筆稍按，輕而細尖收筆。屬於「尖頭尾細、銳末豐中」這一類型的寫法。

3. 逆筆圓轉，和緩出鋒

表 5-3-12　豎畫三例字

非	之	史	麻
85:17	156:19	85:17	85:17

這類的豎畫與上述兩類的起筆不同，均以逆鋒圓轉起筆，以中鋒行筆，由粗至細，漸漸出鋒收筆。此類豎畫渾厚紮實，推測運筆速度不快。

（三）曲　筆

一般而言篆書以曲筆爲主，而體勢則以圓潤方式表現。這裡所謂的曲筆，是指書寫中彎曲圓轉的筆畫。「盟書」屬春秋晚期之大篆，書手在書寫的風格上，曲筆的表現非常強烈，清晰地揭示出西周以來篆書的筆順及筆畫連接方式。曲筆大致有下列四種：

1. 重按銜接，用筆篤定

表 5-3-13　曲筆一例字

以	以	宮	宮	是	群
3:17	179:1	198:4	85:28	85:17	179:1

長弧曲筆部份均以兩筆或數筆完成，且多以重按銜接，斷筆清晰，頗具個性，展現出一種強悍的書風。例字中有兩個「以」字，前者接筆處在右下，後者接筆處在右上。兩個「宮」字的「宀」構形不同，接筆處自然也有異；「宮」字的「口」形部件，銜接的位置也顯露出書手不同的書寫習慣。「是」字的部件「日」、「群」字的部件「君」，第一畫也是由兩筆組成。

2. 圓轉輕柔，婉約用筆

表 5-3-14　曲筆二例字

事	君	明
1:30	1:30	1:30

　　長弧曲筆以二筆或三筆完成，唯以較圓轉輕柔之方式接筆，故展現之書風，較爲精緻婉約。例字中的「事」、「君」二字，其中部件「又」的第一筆，就是兩筆完成。而「明」字的部件「月」，外面的大曲筆，就是以三筆完成的。

　　3. 瀟灑奔放，圓曲勁爽

表 5-3-15　曲筆三例字

宮	趙
98:6	92:20

　　例字「宮」的部件「宀」，左右長弧曲筆，一筆到底，充分表現出流暢而高超之用筆技巧，線條充滿張力。「趙」字左下與右下的曲筆，均爲一筆完成。

　　4. 左接右行，各具其勢

表 5-3-16　曲筆四例字

宮	守
92:20	179:1

　　例字中「宮」與「守」字的部件「宀」，左邊爲接筆，以兩筆完成，後世「宀」部的寫法，似已透露端倪。右邊長弧曲筆，以一筆完成，表現出不同的曲筆方式於一字之中。

　　（四）鉤　筆

　　篆書中本無鉤筆，這裡所指的鉤筆，是通常是指左右撇畫，在快速運筆下，自然出現的「帶筆」，嚴格來說，不能算「鉤」。這裡是爲了行文的方便，稱它爲「鉤」。它與楷書的「鉤筆」最大的不同有兩點：一是楷書的鉤，只出現於豎畫；這裡的「鉤筆」，不是出現在「橫」畫，就是出現在「曲」筆。二是楷書的「鉤筆」是有意爲之，這裡的「鉤筆」是無心的帶筆。

由於「盟書」之書手技巧純熟，書寫較爲快速，加上所使用的毛筆彈性良好，故於映帶中常出現此一連帶筆法，具連下一筆之勢。

1. 鉤筆：收筆微鉤，筆斷意連

表 5-3-17　鉤筆例字

盧	盧	而	安
179:1	156:8	198:4	179:1
不	趙	明	史
179:1	92:20	1:40	179:1

例字中的「盧」、「而」、「安」、「不」字，「鉤筆」會出現於左右對稱的曲筆末端。「趙」、「明」則出現在部件「月」，右側的曲筆末端。「史」字則出現在路部件「又」的第一筆末端。縱觀「鉤筆」，多於長弧曲線中出現，末端提細帶鉤狀，朝向下一筆之方向，順勢作下一筆之連結。另外楚簡帛書中，也多有此勢及筆法。因此，推斷這是春秋戰國手寫文字中，常見的現象。

（五）撇　筆

1. 撇筆：重按快提，釘頭鼠尾

表 5-3-18　撇筆例字

其	志	其	盧
92:20	194:8	1:40	1:30

撇筆指的是由右上往左下運行的筆畫。撇筆乃盟書中常見之筆法。由於重按快提便形成「釘頭鼠尾」狀，使用部份非常廣泛，隨處可見。其中「其」（92:20）、「志」的撇筆，屬側鋒運筆；「其」（1:40）、「虘」的撇筆，屬中鋒運筆。

（六）肥　筆

「肥筆」最早出現於商代彝器銘文，是長豎中的圓點，如商〈四祀邲其壺〉、西周的〈令簋〉等都有肥筆，盟書中較清晰可見之字除「晉」字外，其餘肥筆多以圓點示之。

1. 肥筆：圓轉重按，旋即收筆

表 5-3-19　肥筆例字

視	視	守	史	閔	宗
1:30	85:17	1:30	198:4	185:3	156:8

豎畫以較細之線條爲之，肥筆圓點，於完成豎畫後再行加之，以毛筆圓轉重按後，旋即收筆。這種肥筆，裝飾性質濃厚，西周金文經常出現，注重書寫速度的春秋戰國手書文字，竟然也繼承了下來。

綜合以上盟書之七種筆法可以知道，盟書之筆法緣於商周鐘鼎一脈，所不同的是，一個莊重典雅，一個浪漫恣肆，而正是由於浪漫者的用筆抒情寫意，爲篆入隸開啓了先河，其中較多的筆法見諸於之後的文字書法及廣大的後世書家，更說明了元趙孟頫所說的「用筆千古不易」的道理。

（七）羨　筆

「盟書」文字中多於字之橫畫上、下增加短橫畫，或在「凵」字中添加一短橫畫。此類裝飾性之筆畫，應爲當時書手個人對審美之要求。敦沫若曾說：

> 東周而後，書史之性質變而爲文飾，如鐘鎛之銘多韻語，以規整之款式鏤刻於器表，其字體亦多作波磔而求工。⋯⋯凡此均于審

美意識之下所施之文飾也，其交用與花紋同，中國以文字爲藝術品之習尚當自此始。〔註11〕

1. 羨筆：重按快提，倏然收鋒

表 5-3-20　羨筆之例

不（丕）	不（丕）	不（丕）
156:18	1:30	1:66

例字「不」的上方短橫屬之。這種裝飾性短橫畫，均爲重按快提，倏然收鋒，快速迅捷，用筆俐落。收筆過短者，甚至呈三角形。

二、晉系手書與古隸的比較

「隸變」作爲古今文字的分水嶺，無疑是漢字演進過程中最偉大的變革，對漢字的發展有著重要的意義。隸變是漢字由小篆演變爲隸書的過程，大約發生在秦漢之間，是漢字發展的轉捩點。

對於「隸變」的起迄年代，目前學術界尚無定論，但多數學者認爲，隸書並非秦統一之後產生的字體，在戰國時代就已經有了些許「隸變」的痕跡。呂思勉講到，隸書「謂秦時而用始廣則可，謂秦時乃能爲之，固不然也。」〔註12〕唐蘭也認爲：「六國文字的日漸草率，正是隸書的先導。」〔註13〕陳夢家認爲：「從併六國以來的秦金文看，併六國以前和以後的金文大致相同。併六國以前草率的金文，已經是隸書的濫觴了。」〔註14〕高明也持此類觀點：「最早的古隸，戰國時代已產生，不過後來有人將這些簡化了的形體，集中起來重新構成一種書體。」〔註15〕

〔註11〕郭沫若：《青銅時代・周代彝銘進化觀》，（北京：人民出版社，1954 年，6 月），頁 317～318。
〔註12〕呂思勉：〈中國文字變遷考〉，收錄在《文字學四種》，（臺北：藍燈文化事業公司，1985 年，11 月），頁 138。
〔註13〕唐蘭：《中國文字學》，（上海：上海古籍出版社，2005 年），頁 131。
〔註14〕陳夢家：《中國文字學》，（北京：中華書局，2006 年），頁 195。
〔註15〕高明：《中國古文字學通論》，（北京：北京大學出版社，1996 年），頁 5。

以上學者都將隸書的開始階段放在了秦統一前的戰國時代，但並未作更深入的研究。盛詩瀾將隸變的開端鎖定在《侯馬盟書》、《曾侯乙墓楚竹簡》、《包山楚簡》等具體文字上，而在這些文字材料之中，當以《侯馬盟書》為最早。

> 隸變的微弱信息也可以從春秋時期寫在玉石片上的《侯馬盟書》看出來。……載書文字一字多形，並有大量簡化和合寫。筆法是起筆重，提頓明顯，豎筆也多帶弧意，筆畫之間有映帶、揖讓的關係。它對大篆書法形態已有破壞，屬草篆的類型，或者說，它「蠶頭」形態和某些筆道中，已有那麼幾絲隸書的信息，這就是隸變的早春二月，一般人還不能由此感覺到隸變春天的腳步。〔註16〕

筆者在將盟書文字與古隸比較的過程中發現，盟書文字在字形上雖然還沒有根本改變金文的結構與筆法，但已經出現向隸書過渡的明顯痕跡。這主要表現為：一是出現了些與隸書寫法相似的個體字符，一是在文字結構上出現了隸變的痕跡，很多字體的簡寫使得文字結構解體，部分字體則將圓轉線條分解為方折線條的筆勢。

在對與隸書的比較中，主要是採用《馬王堆帛書》中的隸形。《馬王堆帛書》屬早期隸書，為古隸一類，與成熟的漢隸有所區別。這種隸書正處在漢字由古文字到今文字，由筆意到筆勢的轉化階段，具有重要的研究價值。李學勤講到，「帛書的字體有的基本上是篆書，有的是早期的隸書，比較全面地反映了由小篆到隸書的發展過程，因而在文字研究上有突出的價值。」〔註17〕因此，也就能更清楚地反映盟書文字所蘊含的早期隸變徵兆。在《馬王堆帛書》的4萬餘字中，共有1779個單字。〔註18〕筆者就利用這些單字，作為盟書文字的參照。

（一）個體部件的比較

「部件」是漢字字形結構的基本單位，具有組配漢字的功能，由筆畫構成，介於筆畫與部首之間。《馬王堆帛書》直接部件中有127個部件形體與戰國及戰國前文字相應；另外有41個部件也承自先秦文字，共168個部件，佔

〔註16〕盛詩瀾：〈從簡帛書看隸變的歷程〉，載《書畫藝術》，2004年第5期，頁43～46。

〔註17〕李學勤：《古文字初階》，（北京：中華書局，2003年6月），頁69。

〔註18〕王貴元：《馬王堆帛書漢字構形系統研究》，（南寧：廣西教育出版社，1999年），頁24。

部件總量的 19.58%。〔註19〕在比較中，筆者發現盟書中有 22 個字符與《馬王堆帛書》文字相似。（見表 5-3-21）

表 5-3-21　盟書與馬王堆帛書個體部件的比較

小篆	盟書	馬王堆帛書	小篆	盟書	馬王堆帛書
人	人 （156:20）	八 春 82	君	君 （156:1）	君 老甲 283
于	于 （1:1）	于 老甲 176	音	音 （67:1）	音 老甲 269
中	中 （195:8）	中 老甲 175	巫	巫 （156:22）	巫 問 53
少	少 （98:21）	少 春 66	正	正 （3:19）	正 老甲 192
谷	谷 （67:5）	谷 老甲 403	宗	宗 （67:1）	宗 老甲 100
共	共 （85:4）	共 老甲 232	或	或 （1:7）	或 春 63
可	可 （198:1）	可 老甲 264	固	固 （200:3）	固 老甲 441
平	平 （156:1）	平 老甲 352	宮	宮 （156:1）	宮 戰 192
司	司 （195:1）	司 老甲 081	後	後 （203:11）	後 老甲 96
吉	吉 （303:1）	吉 老甲 157	富	富 （85:25）	富 老甲 107
伐	伐 （194:13）	伐 老甲 81	趙	趙 （156:4）	趙 戰 275

　　在字體的態勢上，盟書文字比小篆稍扁一些，已初步具備了隸書的波勢挑法。很多字體與隸書已無大異，如平、中、巫、少、固等字體。

〔註19〕王貴元：《馬王堆帛書漢字構形系統研究》，頁 97。

（二）筆畫、結構的比較

有關筆畫結構的比較，可以從「筆畫的趨直與點畫的形成」、「筆畫和部件的省併與草寫」及「部首的變形與合併」三個方面來看。這三個部分的屬性，以「筆畫」最小，「部件」次之，「部首」最大。春秋戰國的手書文字，從筆畫、部件到部首都有簡化的趨勢。

1. 筆畫的趨直與點畫的形成

盟書文字中，有一些字體的差異是由字體風格的變化引起的，這類文字多是在書寫形態軌跡上有所不同，如筆畫的長與短、筆畫的連與斷、直線的方折、外框與填實、線與點等。而如果將這些因素的變動成規律地表現在某一時期的所有文字上，很可能會引起書體的變化。唐蘭把漢字發展的這種漸變性稱為「演化」：

> 其實每一種改易的開始時，總是很微細的，不易辨覺的小差別，筆畫的肥、瘦、長、短、斜、正，在有意無意之間所產生的極小的差別，時間一久了，經過若干人的摹仿和改易，這種差別更明顯起來，就變成一種新體了。……這種文字史上常見的很細微的差別和改易的過程，我們把它叫做「演化」。……「演化」是逐漸的，在不知不覺間，推陳出新，到了某種程度，或者由於環境的關係，常常會引起一種突然的，劇烈的變化，這就是我們在下章所說的「變革」。「變革」是突然的，顯著的，誰都會注意到的，但最重要的演化，卻容易被人忽略。〔註20〕

又說：「隸書在早期裡，只是簡捷的篆書，本來沒法則的。」〔註21〕盟書文字中，出現了一些由字體風格變化引起的異寫字，其中也蘊含著隸書的某些成分，但這些差異並沒有形成規律性變化，只是局部存在著，仍然只能算是隸書的萌芽。

漢字發展到隸書，才出現了真正意義上的筆畫，甲骨文以體現詞義所指對象的特徵為要務，多為描寫性的線條，不計方向，不計繁簡；小篆則已基本上整齊化、類型化、定型化了，而這些定型化就是筆畫產生的基礎。而盟書文字大量的省改例中，某些已初步具備了筆畫的特徵，透露出早期的隸變。

〔註20〕唐蘭：《中國文字學》，（上海：上海古籍出版社，2005年），頁93。
〔註21〕唐蘭：《中國文字學》，頁134。

（1）筆畫的趨直

盟書文字的筆畫多為兩頭尖細、中間肥厚的筆態，筆畫的各組成部分的書寫並不均勻，在筆畫的轉折上還是以圓轉為主，不同於隸書筆畫的方折。郭沫若說：

> 在字的結構上初期的隸書和小篆沒有多大的差別，只是在用筆上有所不同。例如，變圓形為方形，變弧線為直線，這就是最大的區別。畫弧線沒有畫直線快，畫圓形沒有畫方形省，因為要寫規整的篆書必須圓轉周到，筆畫平均。要做到這樣，每下一筆必須反復回旋數次，方能得到圓整，而使筆畫粗細一律，這就不能不耗費時間了。改弧線為直線，一筆直下，速度加快是容易了解的。變圓形為方形，表面上筆畫增多了，事實上是速度加快了。……這樣寫字的速度便自然加快了。」〔註22〕

有些字體，由於書寫的省簡、草率，已經初步由筆畫的圓轉，轉為筆畫的方折，而正是這些篆體的草寫促成了隸變的發生。例如：（見表 5-3-22）

表 5-3-22　筆畫圓轉轉為方折之例

小篆	盟書	馬王堆帛書	小篆	盟書	馬王堆帛書
〈人〉	人（156:20）	人 春82	〈生〉	生（92:10）	生 春75
〈三〉	三（156:7）	三 老乙126下	〈伐〉	伐（194:13）	伐 老甲81
〈于〉	于（1:1）	于 老甲176	〈不〉	不（194:4）	不 戰210
〈少〉	少（98:21）	少 春66	〈臣〉	臣（156:2）	臣 戰132
〈申〉	申（16:3）	申 春80	〈巫〉	巫（156:22）	巫 問53
〈王〉	王（92:47）	王 老甲304	〈舍〉	舍（156:22）	舍 戰48

〔註22〕郭沫若：〈古代文字之辯證的發展〉，《考古》1972 年第 3 期，（北京：科學出版社），頁 12。

| 可 | 可 | （198:1） | 可 | 老甲264 | 正 | 正 | （3:19） | 正 | 老甲192 |
| 平 | 平 | （156:1） | 平 | 老甲352 | 月 | 月 | （185:7） | 月 | 戰2 |

表格所列字形中，「入」字與篆體相比，筆畫已經拉直，類似於隸書中的筆畫「撇」、「捺」；「于」字中的筆畫「亅」也已初具形態，與小篆中圓滑的筆勢有別；「少」字的最後一筆「亅」，與隸書已經基本相似，相比小篆來說，也是簡便了不少；「巫」字的部件「人」與隸書中的寫法已基本無異；又如「舍」字，雖然形似篆體，但用筆不再圓潤，筆畫已多重起輕收。

盟書文字部形多以斜側取勢，字體縱扁不一，即便是很多種字體與篆文字體相似，但絕大多數字形的寫法與同時期的金文書體相比較，已經明顯趨於簡化。而這種簡化並不僅僅表現在筆畫或者部件的省略上，正如裘錫圭所言，文字筆畫的平直，本身也是一種簡化〔註23〕，而正是這種「由於筆畫方折的風格變化，已經影響到某些字的構造變化了」〔註24〕，也就引起結構上的隸變。

（2）筆畫的連斷與點、畫的形成

「《侯馬盟書》中用筆，『側峰』與『頓點』（蠶頭）的強調，行筆中的疾速與收筆犀利掠出，字法與字構的改變對正體篆書的衝擊亦是前所未有的。從用筆、字法、字構到風格，真率、自由的寫意之風撲面而來，此中已見隸化點、線的萌芽。」〔註25〕如下面的例字：（見表5-3-23）

表5-3-23　筆畫連斷與點畫形成之例

| 以 | ﹈ （194:4） | 富 | 富 （85:25） |
| | ﹈ （1:65） | | 富 （195:4） |

〔註23〕裘錫圭：《文字學概要》（修訂本），（北京：商務印書館，2013年，7月），頁62。

〔註24〕啓功：《古代字體論稿》，（北京：文物出版社，1964年7月），頁28。

〔註25〕張韜：〈草篆：外放的隸形萌芽〉，《青少年書法》2002年第8期，（鄭州：河南美術出版社），頁14。

出	业（156:19）業（156:24）业（3:2）		冢	（67:1）（67:6）（67:29）	
狀	糅（92:28）鞣（92:16）		心	（3:6）（195:1）（16:3）1（1:29）（98:15）	
俞	（179:20）（185:8）				

　　「以」字由原先的相連一筆，斷爲兩筆；「出」字則將末筆本來相連的二筆，省爲一筆，而改變筆勢；「狀」字也由原先的相連，改爲斷開；「俞」字將部件「月」省略右邊的豎筆，並與相鄰的筆畫共筆，「月」兩個短橫與中間的豎畫變斷爲連；「富」、「冢」字亦是將部分筆畫省略合併；「心」字書寫更爲隨意，在前兩個字形中本來是很對稱的兩筆，到第三個簡化爲兩點，後來乾脆用一橫代替。

　　隸變之前，漢字的書寫單位基本上是一些圓轉的線條，甚至是描畫事物的整體輪廓，很難從中區別出筆畫來。直到隸書，漢字的書寫單位才可以概括爲「一」、「丨」、「丿」、「丶」等幾種類型，才算形成真正意義上的筆畫。從上述例字可以看出，盟書文字已經逐漸直線化，已經將小篆圓勻的線條，部分改成點畫，從而初步實現了漢字的「筆畫化」。王鳳陽曾經對漢字的演進，有十分精闢的概述，他說：

　　　　全部漢字演進史，概括起來，就是書寫順序順應手的運動生理
　　　的歷史，就是根據人書寫時的生理習慣去改進各種點、線的歷史，
　　　就是縮短寫字時的字的線路，縮短寫字時間的歷史。〔註26〕

　　而隸書也是由篆書的草寫逐漸演變來的，是徹底筆畫化了的草篆。盟書文字由於書寫較爲草率，文字的省簡也比較隨意，因此，在某些筆法上已有

〔註26〕王鳳陽：《漢字學》，（長春：吉林文史出版社，1989年），頁212。

了隸書的一些味道，也就印證了盛詩瀾所謂的「隸變的早春二月」﹝註27﹞。
但是這種隸變的徵兆畢竟不夠明顯，只是在某些字形上有所表現。而盟書大
部分字形的筆畫仍是圓轉的，只是與同時期的金文，甚至是與小篆相比，筆
畫稍微平直了一些。另外，盟書的部分字形，還殘存著濃厚的象物色彩，如：
「」（永 3:21）、「」（絲16:3）、「」（每 200:58）、「」（婚 67:1）
等等。

2. 部件的省併與美化

隸書最大的一個特點，就是已經削弱了文字的表意性特徵，以致很多字
體很難從結構上對字義做出解釋。也就是說，隸書使得文字變成一個個抽象
的記號。

盟書文字主要是用平直、簡便的筆法來改造篆體，實際上也是一種普遍
性的文字簡化，其簡化無非是朝著便於書寫的方向，而簡化的結果則是字體
象形性地削弱，從而或多或少地具有了早期隸書的意味。如「中」，「」
（156:20）省簡上下兩邊代表旗游的兩橫，而成「」（195:8），形同《馬
王堆帛書》中的「」（老甲 175）。再如「嘉」字，《說文》云：「美也。
從壴加聲。」其省簡體作「」（1:41）、「」（16:9）、「」（200:66），
或省形或省聲，與原字形多少有些出入。類似的還有「」（敢 85:18），「」
（晉 67:4）等眾多字體，雖未直接生成隸書字體，但其一貫的省簡作法，對
於隸書的卻有著極為重要的影響。

盟書中存在大量的筆畫省簡異寫、異構字及部件省寫異寫、異構字，其
草寫及省簡的進步作用，不僅僅表現為文字的簡化，還在於因加快書寫速度
所促成的易圓為方、筆畫連帶所造成的字形簡化。以及由書寫恣意伸張，造
成的書寫線條筆畫化等帶來的隸變徵兆，而這些對於後世隸書的影響是不容
忽視的。另外，盟書文字雖不十分規整，但部分字體的結構佈局已較篆體緊
湊些。如「」（徒 1:84），小篆作「」，從辵土聲。但小篆字形其右部

﹝註27﹞ 盛詩瀾：〈從簡帛書看隸變的歷程〉，載《書畫藝術》，2004 年第 5 期，頁 43
～46。

筆畫過少，顯得不勻稱，同隸書字體結構一樣，盟書將「𧾷」寫作「徒」，把「辵」拆成「彳」與「止」兩部分，將「彳」放在左邊，佔三分之一的位置，將「止」放在右邊，佔三分之二的位置。這樣就將「徒」納入「彳」部字的格局，字體結構也顯得較為緊湊。類似的還有「從」（從 3:3）字等。盟書中「彳」已單獨作部首，如復、德、後等，很可能就是受到字體結構佈局的影響，為求字體結構緊湊、美觀，以及書寫的便捷等，將「辵」中的「止」省簡，從而形成部首「彳」。又如「所」，《說文》：「伐木聲也。从斤戶聲。」小篆形體為「所」、盟書中「所」字形體作「所」（所 156:19），筆畫較小篆平直，其結構布局也較為緊湊，幾乎將合體變為獨體，而其書寫甚至比隸書寫法還簡單。單看字形其形旁「斤」簡化得只剩兩撇，已經看不出部件的會意性，抽象色彩相對較重。

　　從上面的分析可知，文字的省併，大多保留文字的主要部分，而省去部次要部分。為求文字的速寫，多半是改曲為直，改長為短。還有為了平衡、美觀，可以析離部件。

3. 部首的變形與同化

　　盟書文字變不規則的曲線為平整方直的筆畫，因而能夠改變部首的形體，使原本不相干的部首變得相似，繼而混而為一。盟書文字已經出現了部首同化的現象。雖然現象不夠普遍，只能視為個案，但也能從中窺見一些隸變的影子。

（1）「月」形

　　隸書中的「月」形可以代表「肉」、「舟」、「月」、「冃」等部件，然而小篆中，尚能看出這些部首的分別。但在盟書中，卻已基本合併同化了，這是漢字隸變時出現的一個重要現象。如：俞，《說文》：「空中舟也。」「俞」，從舟。《說文》中的「俞」字尚可辨別出「舟」形，但在盟書中，「俞」（俞 179:20）基本上已經同化為「月」形了。諸如此類的還有「繪」（繪 156:24）、「有」（有 16:36）等。

　　腹，《說文》：「厚也，从肉复聲。」《說文》中的「腹」，還多少存有部件「肉」的痕跡，但在盟書中「腹」（腹 92:20），基本同化為「月」形了。「冃」，《說文》解釋為：「小兒及蠻夷頭衣也，从冂，二其飾也。」該部件

在盟書中僅有一例，爲「圖」（冑 200:26）字。「冑」爲古代武士的戰帽，在盟書中爲參盟人人名，因「圖」的象物色彩比較濃厚，還不能看出小篆字形「冑」的影子，因此，也就不會與「月」部搞混了。

雖然與隸書中的「月」，部件的書寫並不完全相同，但這些寫法使得字形原有的表意特徵變得十分模糊，已初步具備了早期隸書的書寫特點。

（2）「寸」形

守，《說文》解釋爲：「守官也，從寸，寺府之事者也。從寸，寸，法度也。」李天虹否定了《說文》的這一解釋，認爲：「其說出於臆測。《說文》裡有不少字從寸，但古音與肘相近的字，如討、疛、紂、酎等等，《說文》或以肘省聲釋之。其實這些字本來可能都是從肘聲的，隸變訛爲從寸。」〔註28〕筆者同意這一看法。由於「寸」與「肘」，容易混同，就在寸字上加上一「丿」，形成「圖」，從而在形體上將其區分開來。盟書中，「守」的寫法，大致有兩類：一是「圖」（守 1:69），從肘（圖）：一是「圖」（守1:55），從寸（圖）。而從數量上看，大多數的守字形體都從「圖」，只有少數訛變從「圖」。如此看來，守就應該是從肘得聲的形聲字。但在盟書中，「圖」常寫作「圖」，這就說明偏旁「圖」與「圖」，也出現了合併的趨勢。

另外，盟書中有一些部首的筆畫在變曲爲直之後，與其他部件有混同的現象，但這些部首的混同並不具有穩定性，只是因書寫變異而成的時代性特徵。如「宀」，盟書中的「宀」形態各異。據統計，盟書中以「宀」爲部首的字共 14 例（包括貯字），其中大多數字體是「圖」的寫法。這種兩簷部位圓轉的形體，至西周中期才出現，到西周晚期佔了大多數〔註29〕，這是出於書寫簡便的需要，盟書文字將「圖」的兩簷直線化，草寫成「人」。以「定」字爲例，「圖」（定77:1）將「圖」的兩簷直線化後，生成「圖」

〔註28〕李天虹：〈郭店楚簡「成之聞之」篇中的肘字〉，收錄在《古文字研究》第22輯，（北京：中華書局，2000年），頁265。

〔註29〕詳見劉志基：〈說楚帛文字的「宀」及其相關字〉，載於《中國文字研究》（第五輯），（南寧：廣西人民教育出版社，2004年），頁150～154。

（定 200:36），這易與「**人**」（入 156:20）、「**宋**」（內 67:26），「**金**」（舍 156:21）等字的部首混同。綜上分析，盟書文字已經具有了早期隸變的一些特點，如與隸書寫法無異的個體字符、筆畫的趨直與點畫的形成以及部首的變形與合併等，而盟書的一貫省簡，也對隸書的形成，有一定程度的促進作用。「隸變」是一個漫長的過程，盟書文字所反映出來的「隸變」現象，尚不足以代表漢字的整個「隸變」，也與通常所說的「隸變」性質、特點等不盡相同。所以，盟書文字所反映的「隸變」，只能說是早期的隸變現象，是漢字形體由篆體向隸書轉變的過渡階段，還不算是實質意義上的「隸變」。但盟書的省簡以及草寫卻是隸書形成的重要動力，正如郭沫若所言：「篆書時代有草篆，楷書時代有行草。隸書是由草篆變成的……。」〔註30〕

三、晉系盟書的書法史地位

　　晉系盟書的發現，填補了中國文字學與中國書法史上一個空白。由於盟書是用毛筆書寫的，故而其書法價值尤為人們所重視。在楚簡大量出土以前所見的先秦書法，多半為刀鍥或範鑄。前者如甲骨，後者如金文。用毛筆墨書者，多數為零星散見，直至晉系盟書的大批出土，才填補了先秦手寫體墨跡的空白。盟書用毛筆書寫，書法熟練，當時出自掌管禮儀和典籍的「祝」「史」一類的神職文化人員之手，屬於晉國的官方文書。

　　在觀察了盟書各種的筆法，與比較了古隸之後，可知盟書在書法史上的關鍵地位。

（一）體現了東周時期文字異現的現象

　　盟書的文字有些仍保持著殷商西周文字的傳統形態，多數則已發生明顯變化，出現了各種形態的異體字，別具風格。異體字的大量存在和通假字的廣泛使用，使這批盟書文字顯得異常繁多和紊亂。這也說明了在諸侯割據和宗族林立的春秋時代，國家之間的相對獨立和政治上的多元化造成了嚴重的「文字異形」現象。即使在一國之內，文字的形體也極不統一，不同國家和區域的文字差異更是可想而知。

〔註30〕郭沫若：〈古代文字之辨證的發展〉，《考古》1972 年第 3 期，（北京：科學出版社），頁 12。

（二）是目前所見最早的長篇墨書

盟書作爲當時實用性的筆跡，除了歷史價值外，在書法方面也是極其珍貴的。向來，小篆以前的書法除了楚簡之外，都是逆鋒起筆，而盟書是露鋒用筆，顯示了與金文不同的手寫體書風。

盟書文字形體多樣，結構嚴謹，用筆注重提按，富於變化，筆致舒展而有韻律。毛筆書寫雖在甲骨文中已見端倪，後來的青銅器銘文也爲毛筆先於器上寫好而後制範鑄造或契刻的。但不可置疑的是契刻鑄造的再加工多少都使毛筆書寫的筆意受到了影響，而盟書則完整地保留了先秦書法書寫的筆意。它是當時用筆書寫文字的完整篇章，爲目前所見較早的長篇朱墨文字眞跡。

東周時代，諸侯各國文字已趨異形，所以其結構與簡化程度均與人們熟悉的兩周金文有著差別。由於盟書是用毛筆書寫的當時通行的篆書，因此爲研究先秦書法提供了極爲寶貴的實物資料。

（三）筆法呈現當時文字的實際應用

盟書最具藝術特色之處是它的草篆書體。這種草篆書體運筆速度較快，自然輕鬆，乾淨俐落，斬釘截鐵。與以往盤曲回環，工整凝重的鐘鼎文迥異其趣。人們有幸得以窺見古代篆書在實際應用中的本來面目，對於正確理解熔鑄在青銅器上的鐘鼎文和指導今日學書的創作實踐，意義十分重大。

從用筆上看，盟書並不像金文線條那樣單一，而表現出提按用鋒的變化，落筆重而起筆輕，收筆多出鋒，猶如釘頭鼠尾，極似漢許愼《說文解字》中收入的古文，是出土實物中較爲眞實地印證文獻的寶貴資料。

細讀盟書可以明顯地看到書寫中的連筆意識。線條的連貫、用筆節奏的強弱變化，都說明瞭書寫速度的加快及用筆技巧的純熟。

從書法史發展演進的過程看，盟書對研究上古書法藝術也很有價值。東周時代的文字過去主要是散見於銅器、陶器、貨幣、璽印以及竹簡、帛書等，像盟書這樣集中的大批玉石文書，尚屬首次發現，爲研究我國上古書法史的發展歷程增添了新的材料。當時晉國是個大國，所寫應是當時的日用書體，故這批墨跡對研究當時的書體發展和書法藝術的發展都有重要意義。

（四）筆勢開張異於鑄器

晉系盟書與鑄造系統篆書多下垂筆劃不同。由於是最早的手寫系統文字，字形從內部展開，在結構上又保持筆劃圓轉的意味，下筆時落筆很重而

堅定，行筆迅速，書筆快而出鋒。有許多字筆劃向兩邊分張而不下垂，這是一種較方便的手寫體形式。

　　由此可見盟書書體的成熟程度，絕非短時間內可以造就的，由此之後的手寫體不斷被發現，直到戰國晚期，但無論形體結構還是書寫風格仍與盟書沒有太大的差別，也可以證明這一點。

（五）屬正式場合中的率性風格

　　用以頌德記功的鐘鼎銘文乃至石鼓文，都是在最莊重場合使用的官方文字。在個別的用字場合，這種文字就顯得拘謹繁複，很不方便。而盟書的這種隨意性書寫，可以看出當時手書的真實面貌。

　　最初，人們只能在非正式的場合去隨意書寫，偶爾也可以憑著某種契機在比較正式又不那麼正式的場合顯露一下這種隨意。據出土青銅銘文可知，凡流露出隨意隨意傾向的文字，難登當時的大雅之堂，很少出現在鐘鼎這些祭祀重器上，只能在盤、壺、豆或各種兵器上略顯身手。

　　在這一階段的墨跡中，盟書作為諸侯誓盟時的文書，即使記錄盟誓時的緊迫氣氛，也不能完全抑制其書寫的奔放自由。

　　通過上述的種種剖析，仍可察見其中一些帶有規律乃至規範性的方面。誠如何琳儀所言：「戰國文字形體，雖然變化較大，但並非漫無規律。」我們可以看到，「像這種東周晚期的文字它一方面存在著對殷、西周文字的承襲的跡象，一方面又表現了晉國區域性的一種風格和體例。」這決非偶然、巧合的現象。人類歷史的發展階段，不是絕緣的關係；因而文字作為歷史文明象徵之一，亦必隨著歷史發展過程中的前後相因的遞呈關係而嬗變、演進。

　　盟書的書風對後來的楚文化應有影響，這可從楚曾候乙墓的漆書以及湖北江陵和河南信陽的楚簡等察知。筆者認為，楚國的書法是在盟書的基礎上融進本土文化的「荊楚雄風」而成，因而更顯得氣勢豪放盟書的書法風格頗接近於戰國楚簡字跡，或許在戰國或春秋晚期，晉與楚在文化上是相近的一系而齊魯型文化相異。用筆則完全不同于楚簡和兩周金文。無論是早期的《散氏盤》《毛公鼎》還是後期的《詛楚文》，其線條的均勻齊整是一以貫之的。即使是此後的秦篆，也還是取均勻劃一、粗細不變的線形為之。戰國簡書於帛書雖然由於毛筆書寫，已經有限地表現出一定的提按，但檢其對線條的把握，卻仍然是以粗細均勻為上。的確，在當時人看來，能寫出勻稱的線條非經過嚴格訓練者不能，因此它是書法水準高超的標誌。

第六章 結 論

　　戰國手書文字包含三大系文字，即秦系簡牘、楚系簡帛及晉系盟書。這些墨跡文字學者多半專注於文字的考釋，文意的推敲釋讀，辭例的收集印證。較少從書寫的角度來分析用筆與布局。而擅長書寫的當代書家們，多半又從事今文字的書寫與創作，對於古文字的書寫與研究，多半採排斥的態度。這也是筆者可以努力的地方。

第一節　東周手書書體的價值

　　從秦系簡牘、楚系簡帛及晉系盟書來內容來看，這些不全然是重要的書籍或史料，它更多屬於當時生活的應用，如遣策、醫書、藥方等。但就文字觀察，它至少有以下的價值：

一、史料方面的價值

　　清末民初，甲骨文的發現引起了文字學界的高度關注。現有的金文基礎上，甲骨文可以中國文字的歷史又可以往上推，至少距今 3000 年。秦朝的小篆，是經過政治力介入的一種文字，它終結了戰國文字的亂象，然而春秋戰國之際的文字，始終是個謎。直到 20 世紀中期以後，大量的簡牘出土，終於填補了這個時期文字發展的空白。

（一）當時社會用字體現

　　當時社會使用中的漢字，呈現出三種不同的情況：第一種是俗書草體，即民間書寫文本中的漢字。這些文本的書寫者是一般的民眾，文本的內容社會意義較小，流傳範圍不大。例如個人書信、帳目、便箋、遣策、契約，以

及私人保存的典籍鈔本等等，這些都無意於流傳社會。第二種為俗書正體，社會通行文本中的漢字。這些文本或是官方的正式文告，或是流傳於社會的典籍鈔本。第三種為官文正體，是一種利用權威規範的漢字。這是執政者運用政治力，規定在某些場合必須使用的漢字，或者經御用書法家寫成召誥，整理成字書以為示範的漢字〔註1〕。

這三個層面中，第一個和第二個層面，是遵循約定俗成的規律，隨著社會種種因素的變化而自發進行著內部元素與內部關係的建構與破壞的字元群。這兩個層面都屬於開放的漢字系統，是動態的漢字系統。二者比較而言，第一個層面的個人化的因素強些，第二個層面因為需要兼顧社會通用，所以社會性的因素強些。第三個層面以收錄秦小篆為主的《說文解字》為代表，這種文字因政治體制崩解，已不再通行於社會，成為一種歷史文字；加上當時是先對通行文字加以汰選，再以字書的形式把這種文字固定，所以這種文字的內部結構已不再發生質與量的交換與轉化，它已是一個封閉的系統，它的形成帶有一定的人為因素。

這三個層面的漢字以自己的方式對整個漢字系統發揮作用。王寧說：

> 不論在哪一個歷史時期，都會有政治地位不同、文化水平不同、方言區域不同、所司職業不同的人，在學習漢字、使用漢字的同時按照自己的理解和習慣來改造或創造個別字形。這些個人使用的漢字，經過一段時間的流傳，總有一部分為多數人所接受，進入社會流通漢字的行列。而某些社會上已流通的漢字，卻可能在流傳過程中被新形取代而淘汰。這種群眾性的造字、改字行為，由於是自發進行的，帶有很大的盲目性，因此，在促進漢字合理發展的同時，也會造成字形的重複、駁雜、混亂，帶給文化學習與傳播以諸多障礙。漢字的構形系統，是不可能在這種自發的造字活動中形成的，只有依靠權威和政治力量對漢字進行自覺規範，才有可能按其內部規律歸整和描寫出這一系統〔註2〕。

因此，不同的研究對於所側重的漢字層面有不同的選擇。從社會用字的角度，更為關注第二與第三層面；而從漢字演變歷史的角度，第一層面所承

〔註1〕 王寧：《系統論與漢字構形學的創建》，載（廣州：《暨南學報》（哲學社會科學版），2000 年第 2 期）。

〔註2〕 王寧：《漢字的優化與簡化》，載（北京：《中國社會科學》，1991 年第 1 期），頁 69～80。

載與反映的資訊也不應該忽視。

（二）承上啟下且樣貌豐富

　　戰國時期的簡牘，是當時日常應用的大宗，其中以楚簡、秦簡最多。它包含了上述第一層與第二層的用字。

　　相對於戰國簡牘，鑄刻於青銅器上的金文，由於鑄刻過程的影響，對金文的筆畫及字體形態都有所損益，但是，也正是這種載體形式與鑄刻過程，使得古老漢字的面貌得以保存，透過明顯的鑄刻痕。但也因為如此，少了墨書的清晰，先刻再鑄的金文似乎也不能當作書手的初作。

　　而春秋時期各諸侯為了發揮青銅器在社會生活中的重要作用，鑄造於青銅器上的文字，必須顧及文字的社會通行性，文字當出於上層文人之手，所反映的是當時上層社會的實際用字情況，屬於第三層的用字。

　　發展至春秋晚期，分裂局面的持續，經濟的發展，科技的提高，文化環境的改變，使得青銅器的種類與地位開始發生變化，使用階層從上層貴族階級轉向民間，從一些正規嚴肅的場合開始轉向一些日常生活應用，像民間的祭祀、音樂、宴飲、度量、錢幣、兵戈等。大量的簡牘墨跡，用於日常生活之中，即使使用青銅器，其文字也由鑄造轉為鐫刻，字跡漸趨草率。這不可不說是受了簡牘文字，在書寫上的影響。由於使用的範圍很廣，戰國中晚期，流行於民間書寫於簡牘上便捷的字體出現於青銅器上，其中多為上述的第一個層面，屬於民間書寫文本中的漢字。也就是說第三層的文字有向第二層甚至是第一層靠攏趨勢。因此可以說簡帛在文字演變的過程中，具有重要的字體史料價值。

二、字形演變方面的價值

　　漢字字體的發展，分為古文字與今文字兩大階段。隸體之前的是古文字，隸體與隸體之後的是今文字。字體從篆到隸的變化，人稱隸變，是漢字字體發展的重要階段。漢字經由這個階段，打破了圓轉筆畫的限制，走向平直方折，逐步確立了全新的筆畫系統，使字體最終擺脫了象形的束縛。隸變發生的時間就是春秋戰國時期。在這個時期，金文、玉石文、簡牘文、帛書、璽印文、貨幣文等等都顯示了這一變化，尤以金文持續時間最長，分佈最廣，涉及階層最多，反映的字體演變現象最為豐富。

　　春秋金文字體中美化修飾類字體的集中出現，代表了篆體藝術化傾向及其特點與水平，標誌著篆體的徹底成熟。戰國中晚期大量簡牘上出現的書寫草率的字體，在一定程度上反映了當時便捷性手寫的情況，標誌著日常書寫中篆體的解散和新體的流行。這些具有階段性特點的字體現象，是從篆到隸字體演變的重要內容。

　　簡牘手寫墨跡文字與金文字體相比，較少受到來自社會政治、經濟、文化等方面因素的制約，它們充分地體現書寫者自由、靈活、趨於便捷的因素，它可以棄「金文整齊、嚴謹、正統規整的風格」於不顧。對於篆體而言，篆體日趨規範時，它要把規範引領至極端；篆體日益消解時，它要頑強地體現篆體的特點；篆體潰不成軍時，它要含蓄地保留篆體的優點。對於隸體來說，最初，它是在篆體規範下最大限度地來容忍，後來，逐漸開掘出新的字體規範。

　　手書墨跡文字，雖然不是官文正體，但用途明顯較爲廣泛，實用性更強。雖不是正體字，卻走到字體演變的最前沿。但是，它把書寫便捷的因素進行檢驗，在追求便捷的過程中產生的個人化的、隨意書風，便於在社會中通行。因此手書墨跡文字顯示出來的是，實現社會漢字字體所發生的變化情況。它的演變過程，反映出篆到隸過渡時期的書寫現象，與書寫的便捷化發展一起，成爲字體演變關鍵時期的一個重要環節。

第二節　東周手書書體對文字演變的啓示

一、結構與字體交互作用

　　漢字字形演變是結構變化與字體演變共同作用的結果，這已經逐漸成爲人們的共識。結構變化與字體演變既要分別滿足漢字字形發展對自身的要求，又要相互促進與相互制約，共同作用於整個漢字系統。

　　隸變的產生，是由於構字成分從形符到義符的變化、形聲字的增多等結構變化，爲字體打破象形特點、走向書寫便捷開闢了道路；同樣，體勢的方正化規整，結體佈局的明晰與規律，圓轉曲線的分解消失，筆畫線條的單純直化，使得漢字描摹實物的可能性喪失殆盡，徹底阻擋了漢字字體象形性的發展道路。從此，漢字結構的表意特點的實現，主要依靠構字成分自身功能的作用，形成具有這樣特點的構字成分，簡化並規範其組合方式，是漢字結

構發展的主要任務。

　　二者有不同的作用方式，發揮作用的時機與力度也不可能完全一致，但是總體上說二者是統一在一起的。春秋戰國時期隸變過程中二者互相制約與影響已經比較清晰，發展至宋代雕版印刷楷體定型時期，二者的共同作用也比較明確〔註3〕。唐蘭推測楷體一直流行至今而沒有大的變化，政府支持是主要原因，印刷術的發明跟進步，也使楷體得以固定〔註4〕。筆者認為，更重要的原因是漢字結構方式，包括模式與層次的定形。

　　裘錫圭曾經結合漢字歷史與當今漢字的一些情況提出了疑問：

　　　　這兩方面的變化是緊密聯繫在一起的。漢字象形程度的降低，是促使人們少造表意字，多造形聲字的原因之一。而形聲字成為漢字主流這件事，回過頭來又為漢字象形程度的進一步降低創造了條件。文字結構的變化，客觀上常常造成字形繁化或簡化的後果。文字形體的變化，也常常造成破壞或改變文字結構的後果。記號字的大量出現，主要是漢字形體的變化所引起的。這從文字結構上看是一種倒退，然而卻是為了簡化字形、提高文字使用效率所必須付出的代價。直到今天，如何處理好字形簡化跟文字結構的矛盾，仍然是一個需要認真對待的問題（為了把象形的古文字改造成隸、進而破壞一部分字的結構，是迫不得已的，也是值得的。在楷書早已成熟的情況下，僅僅為了減少筆畫而去破壞某些字的結構，把它們變成記號字，這樣做究竟是不是必要，是不是值得，就大可懷疑了）

〔註5〕。

　　簡化漢字主要是採用結構變化的方式，一般是構字方法的變化與構字部件的替換。以變換構字方法產生新字形來替代原字形，尤其是以會意方法產生的新字形來替代書寫複雜或理據不清的原字形，這種變化所用部件只牽扯到功能相對單一的表意部件，一般不會對漢字系統產生大的影響，只要數量不是太多，不至於形成漢字記憶的拖累，易於被社會接受。比如：「泪」替代「淚」，「岳」替代「嶽」，「尘」替代「塵」，「众」替代「眾」等。但是，

〔註3〕詳見王立軍：《宋代雕版楷書構形系統研究》，（上海：上海教育出版社，2003年版）。

〔註4〕唐蘭：《中國文字學》，（上海：上海古籍出版社，2001年版）。

〔註5〕文中的「字形」與「文字形體」相當於筆者說的「字體」，括號內容是裘錫圭自加的。見裘錫圭：《文字學概要》，（北京：商務印書館，1988年版）。

畢竟這種產生新字的方法不是一種能產的方法，不可能產生大量的新字。對於構字部件的替換來說，即使可以產生大量的新字，也不能隨意運用。因爲構字部件的形體與功能是漢字系統長期發展演變的結果，隨意更換就會出現顧此失彼的局面。唐蘭曾經舉過一個例子：爲了使漢字表聲更清晰，可以把舊的聲符換上新聲符，比如「涼」字改爲「浪」字，但是雖然顧及了讀音，卻忘了與原來的「浪」字的區別了，況且，有些字是找不到同音字做音符的[註6]。大陸現行簡化字中出現的一些問題，也可以從這裏找到原因。比如，現行簡化字中「盧」聲符的簡化，有的替換爲「戶」，如「爐」、「廬」、「蘆」簡化爲「炉」、「庐」、「芦」；有的替換爲「卢」，如「瀘」、「臚」、「顱」簡化爲「泸」、「胪」、「颅」。因爲沒有實現類推，引起了混亂，受到指責。但是，在某些字上確實無法實現類推，比如「瀘」簡化爲「沪」，與原有的「沪」字就無法區別。因此臺灣現行的正體字，也就更能體現其價值。

二、書寫便捷與規範

　　春秋戰國墨書的演變過程就是篆體的規範化與打破規範、走向書寫便捷的過程，也是書寫便捷化與對書寫便捷不斷進行規範的過程。這種不間斷的規律性運動構成了字體演變的歷史。

　　順應這個規律，在便捷化與規範化上做出正確的選擇，把握與促進當今漢字字體的演變，是一件非常有意義的工作。

　　雖然楷體之後一直沒有產生新的字體種類，但並不是說字體演變停滯不前。如上文講的漢字結構簡化引起字體面貌的變化：單字筆畫數量的減少使筆畫分佈的細密程度降低，結體相對寬鬆舒展。這些變化對草寫體也會產生影響，只是尚無細致研究。草篆（古隸）對弧筆的分解，行書對筆畫的變形與連接，對漢字字體演變都產生了影響，這些影響涉及字體的各個方面。以古觀今，對岸上個世紀的文字改革運動，不顧及文字系統性與漸進性，只爲筆畫省減和書寫便利。把幾個字的草體字正體化，不僅不會促進漢字字形演變，還會引起混亂。

　　草篆或古隸的正體化是以其在社會上的廣爲通行爲前提的，廣泛的應用和長期的書寫實踐，爲其正體化做了切實的鋪墊，打下了堅實的基礎。現在教育部規定的標準字，是排除了手寫的因素的作法。其實把漢字的手寫體與

〔註6〕 唐蘭：《中國文字學》，（上海：上海古籍出版社，2001 年版）。

印刷體區分開來，對手寫體進行研究與制訂，這是筆者日後想要努力的方向。相信在此之後，對漢字字體便捷化的規律會有更準確的認識。

三、字體複雜的演變因素

　　書寫便捷是字體演變的根本動力，但不是唯一的因素，字體演變是多種因素綜合作用的結果。漢字內部系統中的結構與字體的互相制約、影響，字體內部不同歷史時期、不同用途、不同風格、不同載體與工具所產生的不同字體間的互相影響，來自於語言的影響，來自於社會政治、經濟、文化思想的影響等，各個方面多種因素綜合作用，才產生了漢字字體演變的種種現象與具體的發展脈絡。

　　春秋戰國簡帛手書文字與金文比較起來，手寫便捷性因素出現的多。軟筆筆畫形態的變化，如起筆收筆、輕重提按等，在簡牘文字中表現得淋漓盡致，這些都不易在金文字體中表現出來。

　　隸變的產生是與軟筆書寫分不開的，尤其是蠶頭雁尾與波磔挑法這些隸體基本筆畫特徵的產生。但是，同樣是軟筆書寫，楷書卻把這些筆畫特點一一消解了。這些書寫方式變化的原因，決不是單一因素。

　　當代社會安定，經濟發展，思想解放，教育普及，因此國人文化水準普遍提高。但科技進步，導致硬筆書寫減少，文字的呈現，多半要靠電腦打字，這些因素會為漢字字體帶來什麼樣的演變，值得觀察與思考。

徵引論文及書目

（先古籍後今人著作，再依作者姓氏筆畫遞增排列）

一、古　籍

【經部】

1. （漢）鄭玄注、（唐）賈公彥疏：《周禮》（十三經注疏本），（臺北：藝文印書館，1993 年）。

2. （漢）孔安國傳、（唐）孔穎達疏：《尚書》（十三經注疏本），（臺北：藝文印書館，1993 年）。

3. （漢）許慎撰、（清）段玉裁注：《說文解字注》，（臺北：洪葉文化事業股份有限公司，1991 年，影印清嘉慶二十年經韻樓刊本）。

4. （魏）王弼、（唐）孔穎達疏，《周易》（十三經注疏本），（臺北：藝文印書館，1993 年）。

5. （清）吳大澂：《愙齋集古錄》第二冊（上海涵芬樓影本），（上海：商務印書館，1921 年）。

6. （清）阮元：《積古齋鐘鼎彝器款識》卷三，（上海：商務印書館，1937 年）。

【史部】

1. （漢）司馬遷撰、（宋）裴駰集解、（唐）司馬貞索引、張守節正義：《史記·孔子世家》，（北京：中華書局，1959 年 9 月）。

2. （漢）班固撰、（唐）顏師古注：《漢書》，（北京：中華書局，1962 年）。

3. （晉）杜預注、（唐）孔穎達疏：《左傳正義》，（臺北：藝文印書館，1993 年 9 月）。

4. （唐）房玄齡、褚遂良等奉敕撰：《晉書》，（臺北：藝文印書館，1962 年）。

5. （宋）王應麟撰：《漢書藝文志考證》,《景印文淵閣四庫全書·史部》,（臺北：臺灣商務印書館,1986 年）。

二、專　著

1. 中國文物精華編輯委員會：《中國文物精華》,（北京：文物出版社,1993 年 8 月）。

2. 中國社科院編：《甲骨文合集補編》,（北京：語文出版社,1999 年 4 月）。

3. 中國社會科學院考古研究所編著：《二里頭陶器集粹》,（北京：中國社會科學出版社,1995 年 5 月）。

4. 中國社會科學院考古研究所編著：《安陽殷墟出土玉器》,（北京：科學出版社,2005 年 9 月）。

5. 中國社會科學院考古研究所編著：《安陽殷墟出土玉器》,（北京：科學出版社,2005 年 9 月）。

6. 中國社會科學院考古研究所編著：《信陽楚墓》,（北京：文物出版社,1986 年）。

7. 中國社會科學院考古研究所編著：《偃師二里頭──1959 年～1978 年考古發掘報告》,（北京：中國大百科全書出版社,1999 年 6 月）。

8. 中國社會科學院考古研究所編輯：《居延漢簡甲乙編》（下冊）,（北京：中華書局,1980 年 12 月）。

9. 中國青銅器全集編輯委員會：《中國青銅器全集 12·秦漢》,（北京：文物出版社,1998 年 12 月）。

10. 中國青銅器全集編輯委員會編：《中國青銅器全集·夏商1》,（北京：文物出版社,1996 年 7 月）。

11. 中國科學院考古研究所、陝西省西安半坡博物館：《陝西半坡─原始氏族公社聚落遺址》,（北京：文物出版社,1963 年）。

12. 中國科學院考古研究所：《長沙發掘報告》,（北京：科學出版社,1957 年）。

13. 中華書局編輯部：《雲夢秦簡研究》,（北京：中華書局,1981 年）。

14. 王國維：《海寧王靜安先生遺書》第一冊,（臺北：商務印書館,1976 年）。

15. 王曉光：《秦簡牘書法研究》,（北京：榮寶齋出版社,2010 年）。

16. 史樹青：《長沙仰天湖出土楚簡研究》,（上海：群聯出版社,1955 年 6 月）。

17. 江西省文物考古研究所等：《新干商代大墓》,（北京：文物出版社,1997 年 9 月）。

18. 何琳儀：《戰國文字通論》（訂補）,（南京：江蘇教育出版社,2003 年 1 月）。

19. 何琳儀：《戰國古文字典：戰國文字聲系》（上）（下），（北京：中華書局，1998 年 9 月）。

20. 宋鎮豪：《夏商社會生活史》增訂本上冊，（北京：中國社會科學出版社，2005 年 10 月）。

21. 李學勤：《東周與秦代文明》，（上海：上海人民出版社，2007 年 11 月）。

22. 李學勤主編：《中國美術全集·青銅器》（下）（北京：文物出版社，1986 年 7 月）。

23. 李羨林、胡平生、李天虹等：《長江流域出土簡牘與研究》，（武昌：湖北教育出版社，2004 年）。

24. 河南省文化局文物工作隊：《河南信陽楚墓圖錄》，（鄭州：河南人民出版社，1959 年）。

25. 河南省文物考古研究所編著：《舞陽賈湖》，（北京：科學出版社，1999 年 2 月）。

26. 河南省文物研究所、中國歷史博物館考古都：《登封王城崗與陽城》，（北京：文物出版社，1992 年 1 月）。

27. 河南省文物研究所：《信陽楚墓》，（北京：文物出版社，1986 年）。

28. 邱振中：《書法》，（北京：北京師範大學出版社，2009 年）。

29. 金文研究室：《殷周金文暨青銅器資料庫》，（臺北：中央研究院歷史語言研究所，2012 年）。

30. 金文研究室：《殷周金文暨青銅器資料庫》，（臺北：中央研究院歷史語言研究所，2012 年）。

31. 洛陽市文物工作隊：《洛陽北窯西周墓》，（北京：文物出版社，1999 年 4 月）。

32. 秋子：《中國上古書法史——魏晉以前書法文化哲學研究》，（北京：商務印書館，2000 年 1 月）。

33. 胡長春：《中國書法與古文字研究》，（北京：人民出版社，2015 年）。

34. 唐蘭：《古文字學導論》，（臺北：洪氏出版社，1978 年）。

35. 唐蘭：《中國文字學》，（上海：上海古籍出版社，2005 年 9 月）。

36. 唐蘭：《古文字學導論》上編，（濟南：齊魯書社，1981 年）。

37. 徐暢分卷主編：《中國書法全集》第四卷，北京：榮寶齋出版社，1996 年）。

38. 荊州市博物館編：《郭店楚墓竹簡》，（北京：文物出版社，1998 年 5 月）。

39. 荊門市博物館：《郭店楚墓竹簡》，（北京：文物出版社，1998 年）。

40. 袁仲一：《秦代陶文》，（西安：三秦出版社，1987 年）。

41. 馬承源：《上海博物館藏戰國楚竹書》（壹），（上海：上海古籍出版社，

2001 年 11 月）。

42. 馬承源：《上海博物館藏戰國楚竹書》（二），（上海：上海古籍出版社，2002 年 11 月）。

43. 馬承源：《上海博物館藏戰國楚竹書》（三），（上海：上海古籍出版社，2003 年 11 月）。

44. 馬承源：《上海博物館藏戰國楚竹書》（四），（上海：上海古籍出版社，2004 年 11 月）。

45. 馬承源：《上海博物館藏戰國楚竹書》（五），（上海：上海古籍出版社，2005 年 11 月）。

46. 馬承源：《上海博物館藏戰國楚竹書》（六），（上海：上海古籍出版社，2007 年 7 月）。

47. 馬承源：《上海博物館藏戰國楚竹書》（七），（上海：上海古籍出版社，2008 年 12 月）。

48. 馬承源：《上海博物館藏戰國楚竹書》（八），（上海：上海古籍出版社，2009 年 12 月）。

49. 馬承源：《上海博物館藏戰國楚竹書》（九），（上海：上海古籍出版社，2012 年 12 月）。

50. 高明：《中國古文字學通論》，（臺北：五南圖書出版公司，1993 年）。

51. 商承祚：《戰國楚竹簡彙編》，（濟南：齊魯書社，1995 年）。

52. 商承祚：《信陽出土楚竹簡摹本》（曬藍本），1959 年。

53. 啟功：《古代字體論稿》，北京：文物出版社，1999 年）。

54. 宿白主編：《中華人民共和國重大考古發現》，（北京：文物出版社，1999 年 9 月）。

55. 張光裕、滕壬生、黃錫全主編：《曾侯乙墓竹簡文字編》，（臺北：藝文印書館，1997 年）。

56. 張家山二四七號漢墓竹簡整理小組：《張家山漢墓竹簡》（釋文修訂本），（北京：文物出版社，2006 年 5 月）。

57. 張桂光：《張桂光書法集》，（廣州：嶺南美術出版社，2002 年 12 月）。

58. 曹錦炎：《鳥蟲書通考》，（上海：上海古籍出版社，1999 年 6 月）。

59. 梁柱、劉信芳：《雲夢龍崗秦簡》，（北京：科學出版社，1998 年）。

60. 清華大學出土文獻研究與保護中心編：《清華大學藏戰國竹簡》（壹），（上海：中西書局，2010 年 12 月）。

61. 清華大學出土文獻研究與保護中心編：《清華大學藏戰國竹簡》（貳），（上海：中西書局，2011 年 12 月）。

62. 清華大學出土文獻研究與保護中心編：《清華大學藏戰國竹簡》（參），（上

海：中西書局，2012 年 12 月）。

63. 清華大學出土文獻研究與保護中心編：《清華大學藏戰國竹簡》（肆），（上海：中西書局，2013 年 12 月）。

64. 清華大學出土文獻研究與保護中心編：《清華大學藏戰國竹簡》（伍），（上海：中西書局，2015 年 4 月）。

65. 清華大學出土文獻研究與保護中心編：《清華大學藏戰國竹簡》（陸），（上海：中西書局，2016 年 4 月）。

66. 清華大學出土文獻研究與保護中心編：《清華大學藏戰國竹簡》（柒），（上海：中西書局，2017 年 4 月）。

67. 清華大學出土文獻研究與保護中心編：《清華大學藏戰國竹簡》（捌），（上海：中西書局，2018 年 11 月）。

68. 郭沫若：《殷契粹編》，（北京：科學出版社，1965 年 5 月）。

69. 陳松長編著：《馬王堆簡帛文字編》，（北京：文物出版社，2001 年）。

70. 陳振濂主編：《書法學》（上）（下），（臺北：建宏出版社，1994 年 4 月）。

71. 陳偉：《包山楚簡初探》，（武昌：武漢大學出版社，1996 年）。

72. 陳煒湛、唐鈺明：《古文字學綱要》，（廣州：中山大學出版社，1988 年）。

73. 湖北省文物考古研究所、北京大學中文系：《望山楚簡》，（北京：中華書局，1996 年）。

74. 湖北省文物考古研究所：《江陵九店東周墓》，（北京：科學出版社，1995年）。湖北省文物考古研究所、北京大學中文系：《九店楚簡》，（北京：中華書局，2000 年）。

75. 湖北省文物考古研究所：《江陵望山沙塚楚墓》，（北京：文物出版社，1996年）。

76. 湖北省荊沙鐵路考古隊：《包山楚墓》，（北京：文物出版社，1991 年）。

77. 湖北省博物館：《曾侯乙墓》，（北京：文物出版社，1989 年）。

78. 湖南省博物館等：《長沙楚墓》，（北京：文物出版社，2000 年）。

79. 楊育彬：《河南考古》，（鄭州：中州古籍出版社，1985 年 10 月）。

80. 楊寬：《戰國史》，（上海：上海人民出版社，1991 年 11 月）。

81. 楊樹達：《積微居金文說》（增訂本），（北京：科學出版社，1959 年）。

82. 葛兆光：《中國思想史》第一卷，（上海：復旦大學出版社，1998 年）。

83. 董作賓：《小屯第二本殷虛文字甲編》，（臺北：中央研究院歷史語言研究所，1976 年 11 月）。

84. 董珊：《吳越題銘研究》，（北京：科學出版社，2014 年 1 月）。

85. 董珊：《珍秦齋藏金：吳越三晉篇》，（澳門：澳門基金會，2008 年）。

86. 裘錫圭：《文字學概要》（修訂本），（北京：商務印書館，2013 年）。

87. 廖群：《中國審美文化史》先秦卷，濟南：山東畫報出版社，2000 年）。

88. 趙平安：《隸變研究》，（保定：河北大學出版社，2009 年 3 月）。

89. 歐陽中石等：《書法與中國文化》，（北京：人民出版社，2000 年 5 月）。

90. 滕壬生：《楚系簡帛文字編》，（武漢：湖北教育出版社，1995 年）。

91. 蔡季襄：《晚周繒書考證》，（臺北：藝文印書館，1944 年 8 月）。

92. 鄭振香：《殷墟的發現與研究》，（北京：科學出版社，1994 年 9 月）。

93. 錢志強：《古代美術與中國文明起源研究》，（北京：中國社會科學出版社，2007 年）。

94. 叢文俊：《中國書法史·先秦秦漢卷》，（南京：江蘇教育出版社，2002 年 6 月）。

95. 叢文俊：《叢文俊書法研究文集》，（北京：中國文聯出版社，1999 年）。

96. 羅運環：《出土文獻與楚史研究》，（北京：商務印書館，2011 年）。

97. 蘇建洲師：《楚文字論集》，（臺北：萬卷樓圖書股份有限公司，2011 年）。

98. 饒宗頤、曾憲通：《楚帛書》，（香港：中華書局，1985 年 9 月）。

99. 饒宗頤：《戰國楚簡箋証》，（香港：亞洲石印局，1955 年）。

三、學位論文

1. 林素清：《戰國文字研究》，（臺北：國立臺灣大學中國文學研究所，博士論文，1984 年）。

2. 林清源師：《楚國文字構形演變研究》，（臺中：東海大學中國文學研究所，博士論文，1996 年）。

3. 洪燕梅：《秦金文研究》，（臺北：國立政治大學中國文學系，博士論文，1998 年）。

4. 許學仁：《戰國文字分域與斷代研究》，（臺北：國立臺灣師範大學國文研究所，博士論文，1986 年）。

5. 陳立：《戰國文字構形研究》，（臺北：國立臺灣大學中國文學研究所，博士論文，2004 年）。

6. 陳昭容：《秦系文字研究》，（臺中：東海大學中文所，1996 年 6 月），頁 68。

7. 游國慶：《戰國古璽文字研究》，（中壢：國立中央大學中國文學研究所，碩士論文，1991 年）。

8. 黃靜吟師：《楚金文研究》，（高雄：國立中山大學中國文學研究所，博士論文，1996 年）。

9. 鄭禮勳：《楚帛書文字研究》，（嘉義：國立中正大學中國文學研究所，碩文論文，2007 年）。

10. 謝映蘋：《曾侯乙墓鐘銘與竹簡文字研究》，（高雄：國立中山大學中國文學研究所，碩士論文，1994 年）。

四、期刊論文

1. 于省吾：〈關於古文字研究的若干問題〉，（北京：《文物》，1973 年，第二期），頁 32～35。

2. 山東大學歷史系考古研究專業：〈山東鄒平丁公遺址第四、五次發掘簡報〉，（北京：《考古》，1993 年第四期），頁 295～299。

3. 中國社會科學院考古研究所山東隊：〈山東滕縣北辛遺址發掘報告〉，《考古學報》，1984 年第 2 期，頁 159、189。

4. 中國社會科學院考古研究所安陽工作隊：〈1987 年安陽小屯村東北地的發掘〉，《考古》1989 年第 10 期，頁 893～905。

5. 中國社會科學院考古研究所安陽工作隊：〈安陽小屯村北的兩座殷代墓〉，《考古學報》1981 年第 4 期，頁 491～517。

6. 中國社會科學院考古研究所安陽工作隊：〈安陽殷墟劉家莊北 1046 號墓〉，《考古學集刊》（15），（北京：文物出版社，2004 年），頁 395～390。

7. 中國社會科學院考古研究所安陽隊：〈1991 年安陽後岡殷墓的發掘〉，《考古》1993 年第 10 期，頁 880～903。

8. 王宜濤：〈商縣紫荊遺址發現二里頭文化陶文〉，《考古與文物》1983 年第 4 期。

9. 王輝：〈秦曾孫駰告華大山明神文考釋〉，《考古學報》2001 年第 2 期，頁 143～157。

10. 王儒林、崔慶明：〈南陽市西關出土一批春秋銅器〉，載《中原文物》，1982 年第 1 期，頁 39。

11. 王樹明：〈談陵陽河與大朱村出土的陶尊「文字」〉，《山東史前文化論文集》，（濟南：齊魯書社，1986 年，9 月）頁 249～257。

12. 史樹青、楊宗榮：〈讀一九五四年第九期「文參」筆記〉，《文物參考資料》1954 年第 12 期，頁 111。

13. 甘肅省文物考古研究所、天水市北道區文化館：〈甘肅天文放馬灘戰國秦漢墓群的發掘〉，《文物》，1989 年第 2 期，頁 1。

14. 江西省博物館、北京大學歷史系考古專業、清江縣博物館：〈江西清江吳城商代遺址發掘簡報〉，《文物》1975 年第 7 期。

15. 何雙全：〈天水放馬灘秦簡綜述〉，《文物》1989 年第 2 期，頁 23。

16. 余秀翠：〈宜昌陽家灣在新石器時代陶器上發現刻畫符號〉，《考古》，1987 年第 8 期，頁 763～764。

17. 吳白匋：〈從出土秦簡帛書看秦漢早期隸書〉，《文物》1978 年第 2 期，頁 49。

18. 吳鎮烽：〈晉公盤與晉公𥂁銘文對讀〉，《復旦大學出土文獻與古文字研究中心》網站，2014 年 6 月 22 日。http://www.gwz.fudan.edu.cn/Web/Show/2297

19. 宋定國：〈鄭州小雙橋遺址出土陶器上的朱書〉，《文物》2003 年第 5 期，頁 35～44。

20. 宋國定、賈連敏：〈「平夜君」墓與新蔡楚簡〉，「新出簡帛國際學術研討會」論文，北京大學，2000 年 8 月。

21. 李零：〈長臺關楚簡《申徒狄》研究〉，《簡帛研究網站》，2000 年 8 月，頁 1～4。http://www.bamboosilk.org/Wssf/Liling2-01.htm【案】又載《揖芬集—張政烺先生九十華誕紀念論文集》，（北京：社會科學文獻出版社，2002 年 5 月），頁 309～328。

22. 李健民：〈陶寺遺址出土的朱書「文」字扁壺〉，《中國社會科學院古代文明研究中心通訊》第 1 期，2001 年，頁 27～29。

23. 李朝遠：〈上海博物館新獲秦公器研究〉，《上海博物館館刊》第七集。

24. 李零：〈楚帛書的再認識〉，《楚帛書研究》（十一種），（上海：中西書局，2013 年 12 月）。

25. 李學文、林奎成：〈隸書八辨〉，載《全國隸書學術時論會論文集》，（鄭州：河南美術出版社，1998 年），頁 35。

26. 李學勤：〈天人之分〉，見鄭萬耕主編：《中國傳統哲學新論》，（北京：九州圖書出版社），1999 年，頁 239。

27. 李學勤：〈良渚文化的多字陶文〉，見《吳地文化一萬年》，（北京：中華書局，1994 年 9 月）。

28. 李學勤：〈放馬灘簡中的志怪故事〉，《文物》1990 年第 4 期，頁 43～47。

29. 李學勤：〈長臺關竹簡中的《墨子》佚篇〉，見李學勤《簡帛佚籍與學術史》，（南昌：江西教育出版社，2001 年 9 月），頁 327～333。

30. 李學勤：〈信陽楚墓中發現最早的戰國竹書〉，《光明日報》1957 年 11 月 27 日。

31. 李學勤：〈秦公簋年代的再推定〉，見《秦西垂文化論集》，（北京：文物出版社，2005 年），頁 473。

32. 李學勤：〈論美澳收藏的幾件商周文物〉，見《四海尋珍》，（北京：清華大學出版社，1998 年 9 月），頁 244～245。

33. 李學勤：〈戰國題銘概述〉（上），《文物》1959 年第 7 期，頁 50～54。〈戰國題銘概述〉（中），《文物》1959 年第 8 期，頁 60～63。〈戰國題銘概述〉（下），《文物》1959 年第 9 期，頁 58～61。

34. 李濟：〈小屯·殷虛器物甲編·陶器（上輯）〉，（臺北：中央研究院歷史

語言研究所，1956 年 8 月）。

35. 沃興華：〈早期草體書法史略〉，《中國書法全集 5—秦漢簡牘帛書一》，（北京：榮寶齋出版社，1997 年版），頁 42。

36. 邢文：〈新出簡帛國際學術研討會綜述〉，《文物》2001 年第 5 期，頁 23。

37. 冼劍民：〈甲骨文的書法與美學思想〉，《書法研究》1986 年第 4 期，頁 104～111。

38. 周鴻翔：〈殷代刻字刀的推測〉，《聯合書院學報》第 6 期，1967～1968 年，頁 9～44。

39. 孟憲武、李貴昌：〈殷墟出土的玉璋朱書文字〉，《華夏考古》1997 年第 2 期，頁 72～77。

40. 孟憲武、李貴昌：〈殷墟出土的玉璋朱書文字〉，《華夏考古》1997 年第 2 期。

41. 季勛：〈雲夢睡虎地秦簡概述〉，見《文物》1976 年第 5 期，頁 1。

42. 季雲：〈藁城臺西商代遺址發現的陶器文字〉，《文物》1974 年第 8 期。

43. 河南省文化局文物工作隊第一隊：〈我國考古史上的空前發現——信陽長臺關發掘一座戰國大墓〉，《文物參考資料》1957 年第 9 期，頁 21～23。

44. 河南省文物考古研究所等：〈河南新蔡平夜君成墓的發掘〉，《文物》2002 年第 8 期，頁 4～19。

45. 侯學書：〈秦隸書的成熟形態〉，見《書法研究》總第 126 期，2005 年 9 月，頁 29～43。

46. 姜夔：〈續書譜〉，見《歷代書法論文選》，（上海：上海書畫出版社，1979 年），頁 383。

47. 洛陽市文物工作隊：《洛陽皂角樹——1992～1993 年洛陽皂角樹二里頭文化聚落遺址發掘報告》，（北京：科學出版社，2002 年 10 月），頁 74。

48. 胡平生：〈簡牘制度新探〉，《文物》2000 年第 3 期，頁 66～73。

49. 胡光煒：〈齊楚古金表〉，《說文古文考》下冊，金陵大學油印講義本，1940 年。

50. 唐蘭：〈關於江西吳城文化遺址與文字的初步探索〉，《文物》1975 年第 7 期。趙峰：〈清江陶文及其所反映的殷代農業和祭祀〉，《考古》1976 年第 4 期。

51. 孫亞冰、宋鎮豪：〈濟南大辛莊遺址新出甲骨卜辭探析〉，《考古》2004 年第 2 期，題 66～75。

52. 容庚：〈鳥書考〉，《中山大學學報》，1964 年第一期，頁 57～91。

53. 師安袤：〈中國書法史上的重大發現〉，王斌主編《虢國墓地的發現與研究》，（北京：社會科學文獻出版社，2000 年 7 月），頁 250～253。

54. 荊州地區博物館：〈江陵楊家山 135 號秦墓發掘簡報〉，《文物》1993 年第 8 期，頁 1。

55. 荊州地區博物館：〈湖北江陵藤店一號墓發掘簡報〉，《文物》1973 年第 9 期，頁 7。

56. 荊州博物館：〈江陵馬山磚瓦廠 1 號楚墓出土大批戰國時期絲織品〉，《文物》1982 年第 10 期，頁 1。

57. 荊沙鐵路考古隊：〈楚簡江陵秦家嘴楚墓發掘簡報〉，《江漢考古》1988 年第 2 期，頁 36～43。

58. 馬承源：〈戰國楚竹書的發現保護和整理〉，《中國文物報》，2001 年 12 月 26 日。

59. 馬國權：〈鳥蟲書論稿〉，《古文字研究》第 10 輯，（北京：中華書局，1983 年），頁 139～176。

60. 高去尋：〈小臣石簋的殘片與銘文〉，《中央研究院歷史語言研究所集刊》第 28 本，1957 年。

61. 高明：〈商代陶文〉，《殷墟博物苑苑刊》創刊號，中國社會科學出版社，1989 年。

62. 高明：〈論陶符兼談漢字的起源〉，見《北京大學學報》（哲學社會科學版），1984 第六期，頁 47～69。

63. 商承祚：《殷契佚存》，《金陵大學中國文化研究所叢刊》甲種影印本，1933 年 10 月，唐蘭序，頁 3 下。

64. 國家文物局編：〈小屯南地甲骨新發現〉，《2002 中國重要考古發現》，（北京：文物出版社，2003 年 6 月，頁 32。

65. 張光遠：〈早商的文字〉，《故宮文物月刊》第 9 卷 1 期，1991 年。

66. 張亞初：〈論楚公豪鐘和楚公逆鎛的年代〉，載《江漢考古》，1984 年第 4 期，頁 95～96。

67. 張春龍：〈慈利楚簡概述〉，「新出簡帛國際學術研討會」論文，北京大學，2000 年 8 月。

68. 張振林：〈中山靖王鳥篆壺銘之韻讀〉，《古文字研究》第 1 輯，（北京：中華書局，1979 年），頁 157～174。

69. 張緒球：〈宜黃公路仙江段考古發掘工作取得重大收穫〉，《江漢考古》，1992 年第 3 期，頁 80。

70. 張頷：〈侯馬盟書叢考續〉，《古文字研究》第一輯，（北京：中華書局，1979 年），頁 78~102。

71. 梁柱：〈雲夢龍崗發現秦代墓葬和秦法文書〉，《江漢考古》1990 年第 1 期，頁 101。

72. 淄博市文物局等:〈山東桓臺縣史家遺址岳石文化木構架祭祀器物坑的發掘〉,《考古》1997 年第 11 期。

73. 許永生:〈從虢國墓地考古新發現談虢國歷史概況〉,《華夏考古》1993 年第 4 期,頁 92～95。

74. 許俊臣:〈甘肅慶陽發現商代玉戈〉,《文物》1979 年第 2 期。

75. 連劭名:〈河北邢臺南小汪西周甲骨刻辭考〉,《文物春秋》1997 年第二期,頁 28～29。

76. 郭子直:〈戰國秦封宗邑瓦書銘文新釋〉,《古文字研究》第 14 輯,(北京:中華書局,1986 年),頁 177～196。

77. 郭民卿、姜濤:〈虢國墓地發掘又獲重大發現〉,《中國文物報》1992 年 2 月 2 日。

78. 郭沫若:〈古代文字之辯證發展〉,《考古》,1972 年第 3 期,頁 2～13。

79. 郭沫若:〈信陽墓的年代與國別〉,《文物參考資料》1958 年第 1 期,頁 1。

80. 郭沫若:《郭沫若全集·屈原研究》(歷史編)第四卷,(北京:人民出版社,1982 年),頁 44。

81. 郭紹虞:〈草體在字體演變上的關係〉(上),《學術月刊》,1961 年第 11 期,頁 46～50。

82. 郭紹虞:〈草體在字體演變上的關係〉(下),《學術月刊》,1961 年第 12 期,頁 39～44。

83. 郭紹虞:〈從書法中窺測字體的演變〉,《學術月刊》,1961 年第 9 期,頁 50～52。

84. 陳志達:〈商代的玉石文字〉,《華夏考古》1991 年第 2 期。

85. 陳昭容:〈從陶文探索漢字起源問題的總檢討〉,《中央研究院歷史語言研究所集刊》第 57 本 4 分,(臺北:中央研究院,1986 年),頁 669～762。

86. 陳偉:〈望山楚簡所見的卜筮與禱祀—與包山楚簡相對照〉,載《江漢考古》,1997 年第 2 期,頁 73～75。

87. 陳偉:〈楚國第二批司法簡芻議〉,《簡帛研究》第三輯,(桂林:廣西教育出版社,1998 年),頁 116～121。

88. 陳夢家:〈東周盟誓與出土載書〉,《考古》,1966 年 5 期。

89. 陳夢家:〈解放後甲骨的新資料和整理研究〉,《文物參考資料》1954 年第 5 期,頁 38～40。

90. 陳澤:〈秦公簋銘文考釋與器主及作器時代的推定〉,《秦西垂文化論集》,(北京:文物出版社,2005 年),頁 542。

91. 陳躍鈞、張緒球:〈江陵馬磚 1 號墓出土的戰國絲織品〉,《文物》1982 年第 10 期第 9 頁。

92. 彭邦炯:〈書契缺刻筆畫再探索〉,《甲骨文發現一百周年學術研討會論文集》,(臺北:中央研究院歷史語言研究所,1998 年),頁 191〜201。

93. 彭浩:〈江陵馬磚 1 號墓所見葬俗疏略〉,《文物》1982 年第 10 期,頁 12。

94. 曾憲通、楊澤生、肖毅:〈秦駰玉版文字初探〉,《考古與文物》2001 年第 1 期,頁 49〜54。

95. 湖北省文物考古研究所、孝感地區博物館、雲夢縣博物館:〈雲夢龍崗六號秦墓及出土簡牘〉,《考古學輯刊》,1994 年第 8 輯,頁 87〜121。

96. 湖北省文物考古研究所、孝感地區博物館、雲夢縣博物館編:〈雲夢龍崗秦漢墓地第一次發掘簡報〉,《江漢考古》,1990 年第 3 期,頁 16〜27。

97. 湖北省江陵縣文物局、荊州地區博物館:〈江陵岳山秦漢墓〉,《考古學報》,2000 年第 4 期,頁 5。

98. 湖北省孝感地區第二期亦工亦農文物考古訓練班:〈湖北雲夢睡虎地 11 號秦墓發掘簡報〉,《文物》1976 年第 6 期,頁 1。

99. 湖北省荊州地區博物館:〈江段天星觀 19 楚墓〉,《考古學報》1982 年第 1 期,頁 7。

100. 湖北省荊門市博物館:〈荊門郭店一號楚墓〉,《文物》,1997 年第 7 期,頁 35。

101. 湖北省博物館:〈湖北枝江百里洲發現春秋銅器〉,載《文物》,1972 年第 3 期,頁 65〜68。

102. 湖南省文物考古研究所、慈利縣文物保護管理研究所:〈湖南慈利石板村 36 號戰國楚墓發掘簡報〉,《文物》1990 年第 10 期,頁 37。

103. 湖南省文物管理委員會:〈長沙出土的三座大型木槨墓〉,《考古學報》1957 年第 1 期,頁 21。

104. 湖南省文物管理委員會:〈長沙仰天湖第 25 號木槨墓〉,《考古學報》1957 年第 2 期,頁 9。

105. 湖南省文物管理委員會:〈長沙仰天湖戰國墓發現大批竹簡及彩繪木俑、雕刻花版〉,《文物參考資料》1954 年第 3 期,頁 53〜59。

106. 黃岡市博物館、黃州區博物館:〈湖北黃岡兩座中型楚墓〉,《考古學報》,2000 年 4 月,頁 257〜284。

107. 黃盛璋:〈雲夢秦墓出土的兩封家信與歷史地理問題〉,《文物》1980 年第 8 期,頁 74〜77。

108. 楊啟乾:〈常德市夕陽坡二號楚墓竹簡初探〉,《楚史與楚文化研究》,《求索》雜誌增刊,1987 年。

109. 董作賓:〈甲骨文斷代研究例〉,《中央研究院歷史語言研究所集刊外編》第一種《慶祝蔡元培先生六十五歲論文集》上冊,1933 年 1 月,頁 323〜424。

110. 裘錫圭:〈從馬王堆一號漢墓「遣冊」談關於古隸的一些問題〉,見《考古》,1974 年第 1 期,頁 46～55。

111. 趙銓、鍾少林、白榮金撰:〈甲骨文契刻初探〉,《考古》1982 年第 1 期,頁 85～91。

112. 劉一曼:〈殷墟陶文研究〉,《慶祝蘇秉琦考古五十五年論文集》,(北京:文物出版社,1989 年 8 月)。

113. 劉一曼:〈試論殷墟甲骨書辭〉,《考古》1991 年第 6 期,頁 546～554,572。

114. 劉玉堂:〈楚書法藝術簡論〉,《文藝研究》第 3 期,1992 年 5 月,頁 100。

115. 劉信芳、梁柱:〈雲夢龍崗秦簡綜述〉,《江漢考古》,1990 年第 3 期,頁 78。

116. 劉彬徽:〈常德夕陽坡楚簡考釋〉,發表於四川「紀念徐中舒先生誕辰百年暨國際漢語古文字學研討會」,1998 年。亦收錄於劉彬徽:《早期文明與楚文化研究》,(長沙:岳麓書社出版,2001 年)。

117. 劉彬徽:〈楚國有銘銅器編年概述〉,《古文字研究》第九輯,(北京:中華書局,1984 年),頁 333～336。

118. 劉彬徽:《楚系青銅器研究》,(武漢:湖北教育出版社,1995 年),頁 50。

119. 劉紹剛:〈東周金文書法藝術簡論〉,載《周紹良先生欣開九秩慶壽文集》,(北京:中華書局,1997 年版),頁 4～14。

120. 滕壬生、黃錫全:〈江陵磚瓦廠 M370 楚墓竹簡〉。見《簡帛研究二〇〇一》(上),(桂林:廣西師範大學出版社,2001 年),頁 218～221。

121. 蔡運章:〈洛陽北窯西周墓墨書文字略論〉,《文物》1994 年第 7 期,頁 64～69。

122. 衛恆:〈四體書勢〉,見(唐)房玄齡、褚遂良等奉敕:《晉書》,(臺北:藝文印書館,1962 年),頁 742。

123. 鄭州市博物館:〈河南滎陽西史村遺址試掘簡報〉,《文物資料叢刊》(5),1981 年。

124. 叢文俊:〈論中國書法發展之三個階段的性質與春秋戰國金文書法的史學意義〉,見《中國書法》,1997 年第 6 期、1998 年第 1 期。

125. 叢文俊:〈論繆篆名實並及字體的考察標準〉,見《叢文俊書法研究文集》,(北京:中國文聯出版社,1999 年),頁 51～68。

126. 羅運環:〈論楚文字的演變規律〉,載《古文字研究》第 22 輯,(北京:中華書局,2000 年),頁 298～303。

127. 羅福頤:〈談長沙發現的戰國竹簡〉,《文物參考資料》1954 年第 9 期,頁 87。

128. 嚴志斌：〈鳥書構形簡論〉，《江漢考古》2001 年第 2 期，頁 35～37。

129. Xiaoneng Yang：Reflections of Early China，University of Washington Press,2000,p.89.